Li

**Una guía integral para superar la procrastinación
Desbloquea tu máximo potencial y transforma tus hábitos, aumenta tu productividad y alcanza tus metas con estrategias comprobadas**

Hayden Crosswell

Derechos de autor

Copyright © 2024 por Red Squirrel Publishing Limited

Todos los derechos reservados.

Ninguna parte de este libro puede reproducirse sin el permiso por escrito del editor o del autor, excepto en los casos permitidos por la ley de derechos de autor de los Estados Unidos.

Esta publicación ha sido creada con el objetivo de brindar información precisa y autorizada sobre los temas tratados. Se comparte con la comprensión de que ni el autor ni el editor se dedican a prestar servicios jurídicos, de inversión, contables u otros servicios profesionales. A pesar de los esfuerzos realizados por el editor y el autor en la elaboración de este libro, no garantizan la exactitud o integridad de su contenido y renuncian expresamente a cualquier garantía implícita de comerciabilidad o idoneidad para un propósito específico. Ninguna garantía puede ser creada o ampliada por representantes de ventas o materiales publicitarios. Los consejos y estrategias aquí contenidos pueden no ser adecuados para tu situación particular. Siempre es recomendable consultar con un profesional cuando sea necesario. Ni el editor ni el autor se hacen responsables por pérdidas de ganancias ni por ningún otro tipo de daño comercial, incluidos, entre otros, daños especiales, incidentales, consecuenciales, personales o de cualquier otra índole.

Primera edición 2024

Contents

1. Comprendiendo la trampa de la procrastinación — 1
2. Comprendiendo las causas profundas — 5
3. La ciencia de la procrastinación — 12
4. Estrategias prácticas para vencer a la procrastinación — 18
5. Desarrollar hábitos para lograr un éxito duradero — 27
6. Superar los obstáculos comunes — 36
9. El impacto de la tecnología en la procrastinación — 45
10. La Procrastinación en contextos específicos — 53
11. Procrastinación y salud mental — 63
12. Procrastinación y relaciones — 72
13. Influencias culturales y sociales en la procrastinación — 80
14. El papel del entorno en la procrastinación — 87
15. Crear un plan integral para superar la procrastinación — 94
18. Apéndice — 103
19. Enlaces de recursos — 124

Descubre tu perfil de procrastinación

¿Tienes curiosidad por saber cómo la procrastinación puede estar afectando tu productividad? Antes de sumergirte en las estrategias que encontrarás en este libro, tómate un momento para evaluar tus hábitos actuales.

He diseñado un cuestionario sencillo y revelador que te ayudará a identificar las áreas en las que la procrastinación podría estar frenándote. En cuestión de minutos, obtendrás información valiosa sobre tus hábitos de trabajo y consejos personalizados para superar la procrastinación, ¡completamente **gratis**!

¿Qué beneficios obtendrás?

- **Retroalimentación personalizada:** Descubre tus fortalezas y tus áreas en las que podrías mejorar.

- **Sugerencias de mejora:** Obtén un esquema que te guiará sobre cómo puedas avanzar.

- **Contenido exclusivo:** Mantente al día con actualizaciones y recursos sobre productividad que te ayudarán a mantenerte siempre en el camino correcto.

Realiza el cuestionario ahora o escanea el código QR que figura a continuación. Tu camino hacia una mayor productividad comienza por comprender en qué punto te encuentras.

Comprendiendo la trampa de la procrastinación

Historia personal

La procrastinación ha sido una compañera constante en mi vida. Recuerdo mis días de estudiante, cuando solía postergar el inicio de mis tareas hasta la noche anterior a su entrega, lo que a menudo resultaba en trabajos mediocres y un estrés innecesario. Este hábito me siguió en mi vida profesional, donde a menudo postergaba proyectos importantes hasta el último minuto, luchando por cumplir con los plazos y sintiendo el peso de lo que podría haber logrado si tan solo hubiera comenzado antes.

Una experiencia en particular se destaca. Estaba trabajando en un proyecto crucial que podría abrirme las puertas a una promoción significativa. La tarea requería una extensa investigación, planificación y ejecución exhaustivas, pero en lugar de lanzarme de lleno, seguía postergándola. Cada día encontraba excusas: pequeñas tareas aparentemente urgentes que "debían" hacerse primero, correos electrónicos que requerían mi atención o un rápido chequeo de las redes sociales que, de alguna manera, se convertía en horas de navegación.

A medida que la fecha límite se acercaba, la ansiedad comenzaba a apoderarse de mí. Pasé varias noches en vela, intentando desesperadamente reunir lo que deberían haber sido semanas de trabajo. El resultado fue un proyecto apresurado e incompleto que no logró impresionar a mis superiores. No obtuve la promoción, y supe que no podía culpar a nadie más que a mí mismo. El dolor de ese fracaso fue un recordatorio contundente del costo de la procrastinación.

Esta experiencia, y muchas otras similares, me llevaron a una búsqueda para comprender por qué yo, al igual que tantas otras personas, luchamos contra la procrastinación. Lo que descubrí fue esclarecedor y fortalecedor a la vez. La procrastinación no es simplemente un acto de pereza o de mala gestión del tiempo; es una compleja trampa psicológica que puede atrapar incluso a las personas más diligentes.

En este libro, compartiré lo que he aprendido sobre la procrastinación: sus causas profundas, la ciencia detrás de ella y, lo que es más importante, estrategias prácticas para superarla. Mi objetivo es ayudarte a liberarte de la trampa de la procrastinación para que puedas comenzar a vivir una vida más productiva y plena. Si yo pude hacerlo, tú también puedes.

Definiendo la procrastinación

La procrastinación a menudo se minimiza como simplemente "postergar las cosas", pero es mucho más que eso. En su esencia, la procrastinación es un fracaso en la autorregulación donde la gratificación inmediata prevalece sobre los objetivos a largo plazo. Es el acto de retrasar una tarea que sabes que sabes que debe hacerse, a menudo en favor de actividades menos importantes o incluso triviales.

Las raíces latinas de la palabra *procrastinación* -pro, que significa "hacia adelante", y *crastinus*, que significa "del mañana"- describen acertadamente el hábito de postergar las tareas hacia el futuro. Este retraso no es meramente un problema de gestión del tiempo; es una compleja interacción entre nuestras emociones, motivaciones y procesos cognitivos.

La procrastinación puede manifestarse de diversas maneras:

- **Evitación de tareas:** Posponer una tarea porque parece desagradable, difícil o abrumadora.

- **Perfeccionismo:** Retrasar una tarea por miedo a no hacerla de manera perfecta.

- **Indecisión:** Luchar por tomar decisiones, provocando retrasos.

- **Distracción:** Permitir que te distraigan actividades más placenteras.

Estadísticamente, la procrastinación es un problema generalizado. Los estudios sugieren que hasta un 20% de los adultos y un 50% de los estudiantes luchan regularmente con la procrastinación crónica. La era digital ha exacerbado este problema, con el constante atractivo de las redes sociales, compras en línea y entretenimiento sin fin, que hacen que procrastinar sea más fácil que nunca.

La procrastinación no es simplemente un hábito inofensivo; puede tener graves consecuencias en tu vida personal y profesional, provocando estrés, ansiedad y pérdida de oportunidades. Comprender qué es la procrastinación y cómo funciona, es el primer paso hacia su superación.

El costo de la procrastinación

Los costos de la procrastinación van mucho más allá del estrés de un plazo inminente. Cuando procrastinas, no sólo estás retrasando una tarea; estás postergando tu progreso, tu éxito y tu potencial. Las consecuencias pueden ser severas y de amplio alcance, afectando diversos aspectos de tu vida.

Costos profesionales: En el ámbito laboral, la procrastinación puede resultar en plazos incumplidos, reducción de la productividad y relaciones tensas con tus compañeros. Al retrasar constantemente las tareas, creas un cuello de botella que puede afectar a todo el equipo. Los proyectos se retrasan, la calidad se ve comprometida y puedes ganarte la reputación de alguien en quien no se puede confiar. Esto puede dificultar tu avance profesional, hacer que pierdas oportunidades e incluso provocar la pérdida de tu empleo.

Costos personales: A nivel personal, la procrastinación puede resultar en sueños y metas incumplidos. Ya sea comenzar un nuevo pasatiempo, perseguir una pasión o trabajar en tu desarrollo personal, posponer las cosas puede impedirte alcanzar lo que verdaderamente deseas en la vida. El arrepentimiento y la frustración de las oportunidades perdidas pueden afectar tu bienestar mental y emocional.

Costos para la salud: La procrastinación también puede tener un impacto significativo en tu salud. El estrés y la ansiedad asociados a la procrastinación pueden provocar síntomas físicos como dolores de cabeza, insomnio e hipertensión. Con el tiempo, el estrés crónico puede debilitar tu sistema inmunológico y aumentar el riesgo de padecer problemas graves de salud, como enfermedades cardiacas y depresión.

Costos sociales: La procrastinación puede tensar tus relaciones, tanto personales como profesionales. Cuando no cumples con tus compromisos o sigues posponiendo conversaciones importantes, esto puede provocar resentimientos, frustraciones y una ruptura en la comunicación. Con el tiempo, esto puede erosionar la confianza y dañar tus relaciones.

Costos a largo plazo: Quizás el costo más significativo de la procrastinación sea el impacto a largo plazo en la trayectoria de tu vida. Cada vez que retrasas tomar acción, estás retrasando tu progreso. El efecto acumulativo de la procrastinación puede resultar en una vida que no alcance su máximo potencial. Podrías encontrarte años después preguntándote dónde ha quedado el tiempo y por qué no has logrado alcanzar las metas que alguna vez tuviste.

Comprender el verdadero costo de la procrastinación es crucial para motivarte a realizar un cambio. La buena noticia es que nunca es demasiado tarde para comenzar. Al reconocer el impacto de la procrastinación en tu vida, podrás comenzar a dar los pasos necesarios para superarla y avanzar con propósito y determinación.

Comprendiendo las causas profundas

Antes de poder abordar eficazmente la procrastinación, es esencial comprender qué la impulsa. La procrastinación no es una simple cuestión de pereza o mala gestión del tiempo; a menudo es el resultado de factores psicológicos más profundos. Al explorar estas causas profundas, podremos empezar a abordar los problemas subyacentes que nos llevan a retrasar tareas importantes. En este capítulo profundizaremos en los desencadenantes psicológicos más comunes de la procrastinación, como el miedo al fracaso, el perfeccionismo, la falta de motivación, la mala gestión del tiempo, el agobio, la ansiedad y la desconexión con las tareas. Al final de este capítulo, comprenderás por qué procrastinas y qué puedes hacer para superar estos desafíos.

Miedo al fracaso y perfeccionismo

Comprendiendo el miedo al fracaso: El miedo al fracaso es uno de los motores más potentes de la procrastinación. Cuando tenemos miedo a fracasar, iniciar una tarea puede volverse paralizante. Este miedo suele proceder de una creencia muy arraigada de que nuestra autoestima está ligada a nuestros logros. Si fracasamos, no sólo fallamos en la tarea, sino que sentimos que hemos fracasado como personas. Esto puede dar lugar a un patrón de evitación, en el que posponemos el inicio o la realización de tareas para protegernos de un posible fracaso.

El perfeccionismo y su paradoja: El perfeccionismo está estrechamente relacionado con el miedo al fracaso. Los perfeccionistas se imponen unos niveles de exigencia extremadamente altos, a menudo hasta el punto en que son inalcanzables. La paradoja del perfeccionismo es que, aunque impulsa a las personas a superarse, también puede conducir a la procrastinación. El miedo a ser incapaces de cumplir esos estándares imposibles hace que los perfeccionistas retrasen el inicio de las tareas hasta que las condiciones sean "perfectas", un momento que a menudo nunca llega.

Teorías psicológicas: Los psicólogos llevan mucho tiempo estudiando la relación entre el miedo al fracaso, el perfeccionismo y la procrastinación. La Terapia Cognitivo-Conductual (TCC) identifica el pensamiento perfeccionista como una distorsión cognitiva. Esto significa que los perfeccionistas tienen una visión poco realista de lo que se puede lograr, lo que puede conducir a la procrastinación crónica. El perfeccionismo suele estar alimentado por el pensamiento del "todo o nada", en el que todo lo que no sea perfecto se considera un fracaso total.

Anécdotas personales y ejemplos: Consideremos la historia de María, una diseñadora gráfica que posponía constantemente la creación de su propio sitio web. Realizaba bocetos y lluvias de ideas, pero cuando llegaba el momento de crear el sitio, se encontraba limpiando su apartamento o pasando horas navegando por Pinterest en busca de "inspiración". La verdad era que María temía que su sitio web no fuera perfecto, y este miedo la mantenía atrapada en un ciclo de postergación. Su perfeccionismo, arraigado en el miedo a cómo juzgarían los demás su trabajo, le impedía dar el primer paso.

Estrategias para superar el miedo al fracaso y el perfeccionismo:

- **Acepta la imperfección:** Comienza reconociendo que la perfección es inalcanzable. En lugar de aspirar a un trabajo impecable, aspira a progresar. Debes comprender que los errores forman parte del proceso de aprendizaje.

- **Establece objetivos realistas:** Divide las tareas en objetivos más pequeños y alcanzables. Esto reduce la presión de ser perfecto, haciendo que sea más fácil comenzar.

- **Desafía los pensamientos negativos:** Cuando surjan pensamientos perfeccionistas, desafíalos. Pregúntate si tus exigencias son realistas o si te estás predestinando al fracaso.

- **Céntrate en el proceso, no en el resultado:** Cambia tu enfoque del resultado final al proceso de hacer el trabajo. Esto puede ayudarte a reducir la presión por ser perfecto y hacer que la tarea sea más agradable.

Falta de motivación y energía

Comprendiendo la motivación: La motivación es la fuerza que impulsa a la acción. Cuando estamos motivados, las tareas que de otro modo podrían parecer aburridas o abrumadoras se vuelven manejables. Pero cuando la motivación es baja, incluso las tareas más sencillas pueden parecer insuperables. La falta de motivación es un motivo habitual de procrastinación, sobre todo cuando una tarea no parece especialmente gratificante o atractiva.

Motivación intrínseca vs. extrínseca: La motivación se puede dividir en dos categorías: intrínseca y extrínseca. La motivación intrínseca proviene de nuestro interior: es ese impulso interior de lograr algo porque nos resulta personalmente satisfactorio. Por otro lado, la motivación extrínseca está impulsada por factores externos, como recompensas o la evitación de un castigo. La procrastinación suele aparecer cuando los motivadores extrínsecos no son lo bastante fuertes como para impulsarnos a la acción, y carecemos de motivación intrínseca para la tarea que tenemos entre manos.

Gestión de la energía: A veces, la procrastinación no está relacionada con la motivación en absoluto, sino con la energía. Cuando nos sentimos física o mentalmente agotados, nos cuesta reunir la energía necesaria para empezar una tarea, y mucho menos para completarla. Esto puede conducirnos a un ciclo en el que posponemos las cosas, sentimos culpa por procrastinar, y luego, nos sentimos aún más agotados.

Estrategias para aumentar la motivación y gestionar la energía:

- **Encuentra tu "porqué":** Conectar una tarea con un objetivo o valor mayor puede aumentar la motivación intrínseca. Pregúntate por qué la tarea es importante y cómo se alinea con tus metas a largo plazo.

- **Divide las tareas en pasos más pequeños:** Abordar una tarea grande puede parecer abrumador, pero dividirla en pasos más pequeños y manejables puede hacer que parezca más alcanzable, aumentando así tu motivación.

- **Recompénsate:** Crea un sistema de recompensas para impulsar la motivación extrínseca. Establece pequeñas recompensas por completar tareas, que puedan ayudarte a superar los periodos de baja motivación.

- **Gestiona tu energía:** Presta atención a tus niveles de energía a lo largo del día. Trabaja en tareas de alta prioridad cuando tu energía esté al máximo, y tómate descansos cuando empieces a sentirte fatigado.

Ejemplo: Consideremos el caso de John, un estudiante universitario que tenía que entregar un importante trabajo de investigación al final del semestre. A pesar de que el trabajo era crucial para su calificación, el tema le parecía aburrido y le costaba encontrar la motivación para empezar. John decidió dividir el trabajo en secciones más pequeñas, centrándose en una parte cada día. También se recompensó a sí mismo con un breve episodio de Netflix tras completar cada sección. Al conectar la tarea con su meta de graduarse y gestionar sus niveles de energía, logró terminar el trabajo a tiempo.

Mala gestión del tiempo

Comprendiendo la gestión del tiempo: La gestión del tiempo consiste en planificar y controlar cuánto tiempo dedicar a determinadas actividades. Una buena gestión del tiempo te permite lograr más en menos tiempo, reduce el estrés y conduce al éxito profesional. Sin embargo, una mala gestión del tiempo a menudo conduce a la procrastinación, porque las tareas se acumulan, los plazos se vuelven más estresantes y resulta más difícil establecer prioridades. (Ver Apéndice D. Hojas de trabajo y ejercicios: Planificador semanal y Planificador diario)

El ciclo procrastinación y gestión del tiempo: La procrastinación y la mala gestión del tiempo suelen ir de la mano. Cuando procrastinamos, acercamos las tareas a sus fechas límite, lo que nos obliga a apresurarnos y a gestionar mal nuestro tiempo. Esto genera un ciclo en el que la mala gestión del tiempo causa procrastinación, y la procrastinación socava aún más nuestra capacidad para gestionar el tiempo de manera efectiva.

Técnicas de gestión del tiempo:

- **Priorización:** Aprende a priorizar las tareas en función de su urgencia e importancia. La Matriz de Eisenhower es una herramienta útil para esto, en la que las tareas se clasifican en urgentes/importantes, importantes/no urgentes, urgentes/no importantes y no urgentes/no importantes.

- **Bloqueo del tiempo:** Dedica bloques de tiempo específicos a distintas tareas o actividades. Esto puede ayudarte a mantenerte enfocado y asegurarte de que asignas tiempo suficiente a las tareas importantes.

- **Técnica Pomodoro:** Divide tu trabajo en intervalos (normalmente de 25 minutos) seguidos de un breve descanso. Esto puede mejorar la concentración y la productividad, reduciendo la tendencia a procrastinar.

- **Listas de tareas pendientes:** Una lista de tareas pendientes bien estructurada puede ayudarte a llevar un control de las tareas y a priorizarlas de manera efectiva. Divide las tareas grandes en pasos más pequeños para hacerlas más manejables.

Ejemplo: Sara, una gestora de proyectos, se sentía constantemente abrumada por su carga de trabajo. Su lista de tareas pendientes era interminable, y a menudo se sentía paralizada por la cantidad de cosas que tenía que completar. Sara empezó a utilizar la Matriz de Eisenhower para priorizar sus tareas y el bloqueo temporal para asegurarse de dedicar el tiempo necesario a cada proyecto. Al gestionar su tiempo de forma más eficaz, pudo reducir su procrastinación y sentirse más dueña de su trabajo.

Agobio y ansiedad

Comprender el agobio: Sentirnos agobiados es un desencadenante habitual de la procrastinación. Cuando nos enfrentamos a una tarea grande o compleja, es fácil sentirnos paralizados por la cantidad de trabajo que requiere. Esto a menudo nos conduce a un comportamiento de evitación, es decir, a posponer la tarea en favor de algo más sencillo o placentero.

El papel de la ansiedad: El agobio suele ir acompañado por la ansiedad. Cuando una tarea nos parece demasiado grande o demasiado difícil, se nos presenta la ansiedad, lo que nos dificulta aún más el hecho de empezar. Esta ansiedad suele estar alimentada por el miedo al fracaso, el perfeccionismo o la creencia de que la tarea es demasiado grande.

Dividir las tareas: Una de las estrategias más eficaces para superar el agobio es dividir las tareas en partes más pequeñas y manejables. Al centrarnos en un pequeño paso a la vez, la tarea nos resulta menos intimidatoria y más factible.

Reestructuración cognitiva: La reestructuración cognitiva es una técnica utilizada en la TCC para desafiar y cambiar los patrones de pensamiento negativos. Cuando nos sentimos agobiados, es importante reconocer y abordar los pensamientos irracionales que contribuyen a nuestra ansiedad. Por ejemplo, si te dices a ti mismo: "Nunca lo conseguiré", cambia ese pensamiento por otro más realista: "Puedo empezar con un pequeño paso y partir de ahí".

Ejemplo: A Emily, una desarrolladora de software, le encargaron crear una nueva y compleja función para la aplicación de su empresa. El proyecto le parecía abrumador, por lo que se encontró evitándolo durante semanas. Para superarlo, Emily dividió el proyecto en tareas más pequeñas, comenzando por los elementos más básicos. También utilizó la reestructuración cognitiva para desafiar sus pensamientos que le provocaban ansiedad, recordándose a sí misma que no era necesario completar todo el proyecto de una sola vez.

Desconexión de la tarea

Comprender la desconexión: A veces, la procrastinación se produce simplemente porque la tarea que tienes entre manos parece desconectada de tus intereses u objetivos. Cuando una tarea no nos parece relevante o significativa, es difícil encontrar la motivación para empezar.

Encontrar el sentido: Una forma de superar esto es encontrar un significado a la tarea. Aunque la tarea en sí no sea especialmente interesante, puede estar relacionada con un objetivo o valor que te interese. Por ejemplo, completar una tarea específica en el trabajo puede ser un paso hacia un ascenso o hacia la consecución de un objetivo profesional a largo plazo.

Reformular la tarea: Reformular la forma en que piensas sobre la tarea también puede ayudar. En lugar de verla como una tarea, intenta verla como una oportunidad para aprender algo nuevo o desarrollar una habilidad. Este cambio de perspectiva puede hacer que la tarea te resulte más atractiva y valga la pena.

Ejemplo: Jake, un representante del servicio de atención al cliente, posponía constantemente la tarea de elaborar el informe semanal. Le parecía una tarea tediosa y sin sentido. Sin embargo, tras reflexionar sobre cómo contribuiría el informe al éxito general de su equipo y cómo podría mejorar los procesos de atención al cliente, Jake encontró una nueva motivación para completarlo. Se replanteó la tarea como una oportunidad para contribuir al éxito de la empresa y mejorar sus propias habilidades en el análisis de datos.

Conclusión

La procrastinación a menudo es un reflejo de problemas psicológicos más profundos, como el miedo al fracaso, el perfeccionismo, la falta de motivación, la mala gestión del tiempo, el agobio, la ansiedad y la desconexión con las tareas que tenemos por delante. Al comprender estas causas profundas, podrás comenzar a abordar los problemas subyacentes que te llevan a procrastinar. Las estrategias que hemos explorado en este capítulo, como aceptar la imperfección, gestionar tu energía, mejorar la gestión del tiempo, dividir las tareas y encontrar sentido a la tarea, son sólo el comienzo. A medida que avancemos en este libro, descubrirás aún más herramientas y técnicas que te ayudarán a dejar de lado la procrastinación y a lograr esas metas que tanto deseas alcanzar.

La ciencia de la procrastinación

La procrastinación no es sólo un mal hábito; es una compleja interacción de procesos psicológicos y neurológicos. Comprender la ciencia que hay detrás de este fenómeno es fundamental para superarlo de manera efectiva. En este capítulo profundizaremos en los factores cognitivos y neurológicos que contribuyen a la procrastinación, incluyendo el papel que desempeñan el sistema de recompensa de nuestro cerebro, la respuesta al estrés y los sesgos cognitivos. Al comprender estos mecanismos subyacentes, estarás mejor preparado para enfrentarte a la procrastinación sin rodeos e introducir cambios duraderos en tu comportamiento.

Factores cognitivos y comportamentales

El rol de las distorsiones cognitivas: Las distorsiones cognitivas son patrones de pensamiento irracionales y exagerados que pueden alimentar la procrastinación. Entre ellos se incluyen el pensamiento de todo o nada, la sobregeneralización y la catastrofización. Por ejemplo, un estudiante puede pensar: "Si no obtengo un sobresaliente en este examen, soy un fracasado", lo que puede llevarlo a evitar la tarea y procrastinar.

Distorsiones cognitivas comunes vinculadas a la procrastinación:

- **Pensamiento de todo o nada:** Se trata de ver las situaciones en términos absolutos de blanco o negro. Por ejemplo, creer que todo lo que no sea perfecto es un fracaso puede hacer que pospongas las cosas por miedo a que tu trabajo no sea lo suficientemente bueno.

- **Sobregeneralización:** Se trata de sacar conclusiones generales de un único acontecimiento. Por ejemplo, si has tenido problemas antes con una tarea en particular, podrías convencerte de que siempre tendrás problemas con tareas similares, lo que te llevará a procrastinar.

- **Catastrofización:** Es esperar que se produzca el peor escenario posible. Esto puede llevarte a comportamientos de evitación, ya que podrías retrasar el inicio de una tarea por miedo a que salga mal.

Técnicas de Terapia Cognitivo-Conductual (TCC): La TCC es una técnica efectiva para desafiar y modificar eficazmente estos patrones de pensamiento negativos. Consiste en identificar las distorsiones cognitivas, examinar las evidencias a favor y en contra de estos pensamientos y sustituirlos por creencias más equilibradas y realistas. Por ejemplo, si piensas: "Nunca podré terminar este proyecto", puedes desafiar ese pensamiento recordando tus éxitos pasados y dividiendo el proyecto en pasos más manejables.

Ejercicios prácticos:

- **Registro de pensamientos:** Lleva un diario donde registres los pensamientos relacionados con la procrastinación, identificando las distorsiones cognitivas y desafiándolas. Reemplaza los pensamientos negativos por alternativas más realistas.

- **Experimentos de conductuales:** Pon a prueba tu pensamiento catastrofista comenzando deliberadamente una tarea que has evitado y observa el resultado. Descubrirás que el desastre previsto nunca se materializa.

Ejemplo: Considera el caso de Sarah, que a menudo posponía sus presentaciones laborales debido a su pensamiento de "todo o nada". Creía que si su presentación no era perfecta, sus compañeros la juzgarían severamente. Gracias a la TCC, Sarah aprendió a reconocer y desafiar esta distorsión. Comenzó a ver sus presentaciones como oportunidades para compartir ideas, no como pruebas de su valor. Al practicar el diálogo interno positivo y exponerse gradualmente a hacer presentaciones, su ansiedad disminuyó y logró dejar de procrastinar.

El papel de la dopamina

Comprender la dopamina y el sistema de recompensa del cerebro: La dopamina es un neurotransmisor que desempeña un papel clave en los centros de recompensa y placer del cerebro. A menudo se la denomina la sustancia química del "bienestar" porque se libera cuando experimentamos algo placentero, como disfrutar de nuestra comida favorita o recibir un cumplido. Sin embargo, la dopamina también está involucrada en el refuerzo, que nos ayuda a aprender a repetir comportamientos que conducen a recompensas.

La dopamina y la gratificación instantánea: Una de las razones por las que procrastinamos es que nuestros cerebros están programados para buscar la gratificación instantánea. Las tareas que ofrecen recompensas inmediatas provocan una liberación de dopamina, lo que refuerza ese comportamiento. Por ejemplo, chequear las redes sociales o jugar a un juego rápido en el teléfono proporciona un golpe inmediato de dopamina, lo que hace que estas actividades sean más atractivas que las tareas a largo plazo, como estudiar o trabajar en un proyecto.

El ciclo de la dopamina y la procrastinación: El problema surge cuando quedamos atrapados en un ciclo de dopamina, en el que buscamos continuamente esas pequeñas recompensas inmediatas en lugar de enfocarnos en recompensas más significativas pero diferidas. Este ciclo puede llevarnos a una procrastinación habitual, ya que priorizamos el placer a corto plazo sobre nuestras metas a largo plazo.

Estrategias para reconfigurar la respuesta de dopamina:

- **Divide las tareas en pasos más pequeños:** Puedes crear mini-recompensas a lo largo del camino desglosando una tarea grande en pasos más pequeños y manejables. Completar cada paso desencadena una liberación de dopamina, facilitando así mantener tu motivación.

- **Recompénsate por los progresos:** Establece un sistema de recompensas por completar tareas. Estas recompensas pueden ser pequeñas, como tomarte un breve descanso, o más significativas, como darte un gusto especial después de finalizar un proyecto importante.

- **Retrasa la gratificación:** Practica el retraso de la gratificación asignando tiempo para el trabajo productivo antes de permitirte actividades más placenteras. Por ejemplo, comprométete a trabajar 30 minutos antes de revisar tu teléfono.

Ejemplo: Tom, un escritor, a menudo procrastinaba navegando por Internet en lugar de trabajar en su libro. La gratificación instantánea de encontrar nueva información y el entretenimiento le impedían avanzar. Tom empezó a utilizar la Técnica Pomodoro para romper este ciclo. Trabajaba durante intervalos de 25 minutos seguidos de un descanso de 5 minutos. Cada intervalo completado le proporcionaba una pequeña sensación de logro (un golpe de dopamina), lo que le ayudaba a mantener la concentración y reducir la procrastinación.

Procrastinación vs. productividad: El cableado del cerebro

Comprendiendo el cableado del cerebro: El cerebro humano está diseñado para dar prioridad a las tareas urgentes y placenteras o que proporcionan recompensas inmediatas. Este cableado evolucionó para ayudar a nuestros antepasados a sobrevivir, asegurándose de que se centraran en las amenazas u oportunidades inmediatas en lugar de en la planificación a largo plazo. Sin embargo, en el mundo actual, este diseño puede jugar en nuestra contra, llevándonos a la procrastinación.

La corteza prefrontal vs. el sistema límbico: En la procrastinación intervienen dos partes clave del cerebro: la corteza prefrontal y el sistema límbico. La corteza prefrontal es responsable del pensamiento de alto nivel, como la planificación, la toma de decisiones y el control de los impulsos. Por otro lado, el sistema límbico está relacionado con nuestras respuestas emocionales y está impulsado por la búsqueda del placer y la evitación del dolor.

Cuando nos enfrentamos a una tarea difícil o desagradable, el sistema límbico puede anular la corteza prefrontal, llevándonos a buscar actividades más placenteras en su lugar. Por eso es posible que optemos por ver la televisión o navegar por las redes sociales en lugar de trabajar en un proyecto desafiante.

Reconfigurando el cerebro para la productividad:

- **Fortalece la corteza prefrontal:** Participa en actividades que fortalezcan la corteza prefrontal, como la meditación de atención plena, el ejercicio regular y tareas cognitivas como rompecabezas o juegos de estrategia. Una corteza prefrontal más fuerte ayuda a mejorar el control de los impulsos y la toma de decisiones.

- **Crea un entorno estructurado:** Reduce la influencia del sistema límbico creando un entorno estructurado con menos distracciones. Esto facilita que la corteza prefrontal tome el control y se mantenga enfocada en las tareas.

- **Crea hábitos positivos:** Los hábitos son acciones que se repiten con tanta frecuencia que se vuelven automáticas. Al crear hábitos positivos, puedes reducir la necesidad de que la corteza prefrontal ejerza el control, ya que los comportamientos productivos se integrarán en tu rutina.

Ejemplo: Lisa, una ingeniera informática, luchaba contra la procrastinación, sobre todo cuando se trataba de trabajar en tareas de codificación complejas. Se distraía fácilmente con las redes sociales y otras actividades en línea. Para combatirlo, Lisa comenzó a practicar a diario la meditación de atención plena, que le ayudó a fortalecer su corteza prefrontal. También creó un entorno de trabajo libre de distracciones y estableció el hábito de comenzar el día con las tareas más desafiantes. Con el tiempo, estos cambios la ayudaron a reconfigurar su cerebro en pos de la productividad.

El impacto del estrés en la procrastinación

Comprendiendo el estrés y la procrastinación: El estrés es un factor crucial en la procrastinación. Cuando estás estresado, tu cuerpo entra en modo de lucha o huida, una respuesta diseñada para ayudarte a responder a amenazas inmediatas. Sin embargo, esta respuesta también puede hacer que evites tareas abrumadoras o estresantes, conduciéndote a la procrastinación.

El ciclo estrés-procrastinación: La procrastinación puede incrementar el estrés, especialmente a medida que se aproximan los plazos y aumenta la presión. Esto alimenta un círculo vicioso en el que el estrés lleva a la procrastinación, que a su vez lleva a más estrés. Romper este ciclo es vital para tu salud mental y tu productividad.

Técnicas de manejo del estrés:

- **Atención plena y relajación:** La meditación de atención plena, los ejercicios de respiración profunda y la relajación muscular progresiva pueden ayudar a reducir el estrés y facilitar el inicio y la finalización de tareas.

- **Actividad física:** La actividad física regular reduce el estrés liberando endorfinas, que levantan el ánimo de forma natural. El ejercicio también puede mejorar la concentración y los niveles de energía, facilitando la realización de tareas.

- **Gestión del tiempo:** La gestión eficaz del tiempo reduce el estrés asociado a los plazos inminentes. Planificando tu trabajo y fijándote objetivos realistas, podrás reducir la presión que conduce a la procrastinación.

Ejemplo: Mark, un analista financiero, a menudo dejaba para más tarde sus informes mensuales. El estrés de completarlos a tiempo le hacía evitar empezar, lo que no hacía sino aumentar sus niveles de estrés a medida que se acercaba la fecha límite. Mark comenzó a practicar ejercicios de respiración profunda cuando se sentía estresado y a programar el trabajo de sus informes en segmentos más pequeños y manejables a lo largo de la semana. Este enfoque redujo su estrés y le ayudó a realizar sus informes rápidamente, sin las prisas de última hora.

Conclusión

Comprender la ciencia detrás de la procrastinación es un paso fundamental para poder superarla. Desde las distorsiones cognitivas que afectan nuestra percepción de las tareas hasta el sistema de recompensa de nuestro cerebro, impulsado por la dopamina, que nos lleva a buscar gratificaciones instantáneas, la procrastinación está profundamente arraigada en nuestra psicología y neurología. Sin embargo, si aprendemos a reconfigurar nuestro cerebro para que funcione de manera más productiva, a manejar el estrés y a desafiar esos patrones de pensamiento negativos, comenzaremos a liberarnos del ciclo de la procrastinación. En el próximo capítulo, nos enfocaremos en las estrategias prácticas que te ayudarán a aplicar estos conocimientos y avanzar de manera significativa hacia tus metas.

Estrategias prácticas para vencer a la procrastinación

Ahora que hemos profundizado en las causas fundamentales y la ciencia detrás de la procrastinación, es momento de enfocarnos en las soluciones prácticas. En este capítulo te ofreceremos estrategias que podrás aplicar de inmediato para superar la procrastinación. Estas técnicas te ayudarán a comenzar las tareas con mayor facilidad, a mantener la concentración y a conservar el impulso hasta que termines el trabajo. Desde desglosar las tareas en pasos manejables hasta dominar la gestión del tiempo y cultivar hábitos productivos, estas estrategias te permitirán tomar el control de tu tiempo y tu vida.

El poder de los pequeños pasos

El concepto de pequeños pasos: Una de las maneras más efectivas de vencer la procrastinación es dividir las tareas grandes en pasos más pequeños y manejables. Este enfoque transforma incluso los proyectos más abrumadores, haciéndolos parecer más alcanzables, aliviando la ansiedad y el estrés que a menudo conducen a la procrastinación. La idea es simple: en lugar de enfocarte en la totalidad de la tarea, concéntrate en completar sólo una pequeña parte de ella.

Beneficios psicológicos: Al dividir las tareas en pequeños pasos, ayudas a reducir la carga cognitiva, facilitando que tu cerebro se comprometa con la tarea. Cada paso que logres completar te brindará una sensación de logro, aumentando tu motivación y reforzando el hábito de progresar. Este método también ayuda a enfrentar el miedo al fracaso, permitiéndote ganar confianza poco a poco.

Aplicación práctica:

- **Identifica el primer paso:** Comienza por definir la primera acción que debes realizar. Por ejemplo, si estás trabajando en un informe, el primer paso podría ser recopilar los documentos necesarios o hacer un esquema de los puntos clave.

- **Crea una lista de microtareas:** Divide la tarea en pequeños pasos que no lleven más de 5-10 minutos cada uno. Esto podría incluir acciones como escribir la introducción, redactar una sección específica del informe o investigar un tema concreto.

- **Céntrate en un paso a la vez:** Comprométete a completar una sola microtarea. Una vez que hayas terminado con esta, pasa a la siguiente. Enfocarte en un solo paso a la vez disminuye la sensación de agobio y genera un impulso.

Ejemplo: Laura, una directora de marketing, a menudo se encontraba procrastinando cuando tenía que preparar una presentación importante. La idea de hacer todo de una vez le resultaba abrumadora, así que decidió dividir el proceso en pequeñas tareas. El primer día, dedicó 10 minutos a una lluvia de ideas sobre los puntos clave. Al día siguiente, se centró en esbozar un esquema. Gracias a estos pequeños pasos, Laura logró terminar la presentación sin las prisas habituales de última hora, avanzando de manera constante y segura.

Ejercicios:

- **Ejercicio de desglose en pasos:** Elige una tarea que hayas estado posponiendo y divídela en los pasos más pequeños posibles. Anota cada paso, por pequeño que sea, y comprométete a completar al menos el primero hoy mismo.

- **Microtareas diarias:** Al comenzar cada día, identifica de 3 a 5 microtareas relacionadas con un proyecto mayor. Dedica tiempo a completar estas pequeñas tareas a lo largo del día.

Establecer objetivos SMART

¿Qué son los objetivos SMART? SMART es un acrónimo de Specific (específico), Measurable (medible), Achievable (alcanzable), Relevant (relevante) y Time-bound (limitado en el tiempo). Establecer objetivos SMART garantiza que tus objetivos sean claros, realistas y estén dentro de un plazo definido. Este marco te ayudará a reducir la procrastinación al proporcionarte una hoja de ruta clara sobre lo que debes hacer, cómo medirlo y cuándo deberías completar cada tarea.

Desglosando el marco SMART: (Ver Apéndice D. Hojas de trabajo y ejercicios: Objetivos SMART)

- **Específico:** Asegúrate de que tu objetivo sea claro y concreto, evitando cualquier ambigüedad. En vez de proponerte "mejorar mi forma física", un objetivo específico sería "correr tres veces a la semana".

- **Medible:** Incluye criterios que te permitan medir tu progreso. Esto te ayudará a seguir tus progresos y mantenerte motivado. Por ejemplo, "aumentar mi distancia de carrera un 10% cada semana".

- **Alcanzable:** Tu objetivo debe ser realista y alcanzable. Fijarte metas inalcanzables puede conducirte a la frustración y a más procrastinación. Comienza por algo que te suponga un reto, pero que esté dentro de tus posibilidades.

- **Relevante:** Asegúrate de que tu objetivo sea significativo para ti y esté alineado con otras metas importantes. Esto hará que tus esfuerzos se dirijan hacia lo que realmente valoras.

- **Limitado en el tiempo:** Tu objetivo debe tener una fecha límite, define un plazo para tu objetivo. Esto creará una sensación de urgencia y te ayudará a evitar la procrastinación. Por ejemplo, "completar una carrera de 5K en 8 semanas".

Crear objetivos SMART:

- **Empieza con una visión:** Visualiza tus objetivos a largo plazo. ¿Qué deseas lograr en los próximos meses o años? Utiliza esta visión como guía para la creación de tus objetivos SMART.

- **Anótalo:** Redacta claramente cada aspecto de tu objetivo SMART. Por ejemplo: "Aumentaré mi productividad escribiendo 500 palabras al día durante los próximos 30 días".

- **Revisa y ajusta:** Revisa tus objetivos con regularidad y haz los ajustes necesarios. Las circunstancias de tu vida pueden cambiar, y tus objetivos también.

Ejemplo: Jake, un escritor freelance, quería aumentar su productividad pero siempre lo dejaba para después. Se planteó el objetivo SMART de "escribir 1.000 palabras diarias, cinco días a la semana, durante el próximo mes". Gracias a esta claridad, Jake pudo monitorear su progreso y mantenerse motivado haciendo que su objetivo fuera específico, medible, alcanzable, relevante y con un plazo determinado. Al final del mes, había terminado el primer borrador de una novela, una tarea que había estado posponiendo durante años.

Ejercicios:

- **Creación de objetivos SMART:** Escribe un objetivo a largo plazo y aplica los criterios SMART para desglosarlo en un plan claro y accesible.

- **Revisión semanal de objetivos:** Al final de cada semana, revisa tu progreso hacia tu objetivo SMART. Ajusta tu plan, de ser necesario, y establece nuevos objetivos SMART para la próxima semana.

Técnicas de gestión del tiempo

La importancia del tiempo: Gestionar bien tu tiempo es clave para vencer la procrastinación. Al hacerlo, puedes priorizar tareas, mantener el enfoque y asegurarte de avanzar hacia tus metas con seguridad. En esta sección vamos a explorar varias técnicas de gestión del tiempo que son especialmente efectivas para combatir la procrastinación.

La Matriz Eisenhower: La Matriz Eisenhower es una herramienta que te ayuda a priorizar tareas en función de su urgencia e importancia. Las tareas se dividen en cuatro cuadrantes: (Ver Apéndice D. Hojas de trabajo y ejercicio: La Matriz de Eisenhower)

- **Importante y urgente:** Tareas que requieren atención inmediata.

- **Importante pero no urgente:** Tareas que son importantes pero puedes planificar para más tarde.

- **Urgente pero no importante:** Tareas que requieren atención inmediata pero no son cruciales.

- **Ni urgentes ni importantes:** Tareas que puedes delegar o eliminar porque no aportan mucho valor.

Bloqueo temporal: El bloqueo del tiempo consiste en reservar bloques de tiempo específicos para distintas tareas o actividades. Al asignar un tiempo a cada tarea, creas una rutina estructurada que te ayudará a evitar la procrastinación. Por ejemplo, podrías dedicar las dos primeras horas de tu jornada laboral para al trabajo intenso, seguidas de un bloque de 30 minutos para los correos electrónicos.

La Técnica Pomodoro: Este método de gestión del tiempo que consiste en trabajar en intervalos cortos y enfocados (normalmente 25 minutos) seguidos de un breve descanso. Esta técnica ayuda a mantener el enfoque y reduce la fatiga mental, facilitando tanto el inicio como la finalización de las tareas.

Utilizar listas de tareas pendientes: Una lista de tareas pendientes bien organizada puede ayudarte a realizar un seguimiento controlado de las tareas y a priorizarlas de manera eficaz. Dividir las tareas más grandes en segmentos más pequeños y procesables en tu lista de tareas pendientes, puede hacer que te parezcan más manejables y menos abrumadoras.

Ejemplo: Emma, una diseñadora gráfica, solía sentirse abrumada por su carga laboral y a menudo postergaba los proyectos importantes. Comenzó a utilizar la Matriz de Eisenhower para priorizar sus tareas y planificar bloques de tiempo para cada proyecto. Al gestionar su tiempo de forma más eficaz, Emma logró reducir los aplazamientos y aumentar su productividad.

Ejercicios:

- **Auditoría de tiempo:** Realiza una auditoría de tu tiempo durante una semana. Registra cómo empleas tu tiempo cada día y luego analiza tus patrones. Identifica las áreas en las que puedes mejorar la gestión del tiempo y reducir la procrastinación.
- **Crea una agenda por bloques de tiempo:** Planifica tu semana utilizando bloques de tiempo. Asigna bloques de tiempo específicos a distintas tareas y actividades, y asegúrate de seguir al pie de la letra tu planificación.

Crear hábitos para el éxito a largo plazo

El poder de los hábitos: Los hábitos son comportamientos que se repiten con tanta frecuencia que se vuelven automáticos. Crear hábitos positivos es una forma efectiva de combatir la procrastinación, ya que requieren menos esfuerzo consciente para mantenerse. Cuando una tarea se convierte en un hábito, es más fácil comenzarla y completarla sin posponerla.

Cómo se forman los hábitos: Los hábitos se forman a través de la repetición y el refuerzo. Cuanto más repites un comportamiento, más arraigado queda en tu cerebro. Con el tiempo, este comportamiento se vuelve automático, reduciendo el esfuerzo mental necesario para realizarlo.

Apilamiento de hábitos: El apilamiento de hábitos consiste en vincular un nuevo hábito a otro ya existente. Por ejemplo, si quieres desarrollar un hábito de escritura diaria, podrías apilarlo sobre un hábito ya existente, como tomar tu café por la mañana. Cada vez que prepares tu café, dedica 15 minutos a escribir. Esta técnica aprovecha los hábitos existentes para ayudar a establecer los nuevos.

Diseño del entorno: Adaptar tu entorno para apoyar tus hábitos es fundamental. Esto puede implicar establecer un espacio de trabajo específico, eliminar distracciones o facilitar el acceso a herramientas. Un entorno bien organizado facilita el cumplimiento de tus hábitos y reduce la probabilidad de procrastinación.

Desarrollar hábitos clave: Los hábitos clave son hábitos que generan un efecto positivo en otras áreas de tu vida. Por ejemplo, realizar ejercicio regularmente puede mejorar tu estado de ánimo, aumentar tus niveles de energía y ayudarte a dormir mejor, todo lo cual puede ayudarte a reducir la procrastinación. Al enfocarte en desarrollar hábitos clave, establecerás una base sólida para un éxito duradero.

Ejemplo: David, un ingeniero informático, quiso integrar la práctica diaria de programación en su rutina para mejorar sus habilidades. Comenzó ligando este nuevo hábito a su ritual matutino del café. Cada día, después de haber terminado su café, dedicaba 30 minutos a programar. Con el tiempo, se convirtió en una parte automática de su rutina matutina, y ya no tuvo que esforzarse para empezar a programar cada día, eliminando la necesidad de motivación extra.

Ejercicios:

- **Apilamiento de hábitos:** Identifica un nuevo hábito que quieras crear y busca un hábito existente sobre el que apilarlo. Practica este nuevo hábito todos los días durante una semana y sigue tus progresos.

- **Auditoría de diseño del entorno:** Examina tu entorno para asegurarte de que apoye y favorezca tus hábitos. Realiza ajustes para minimizar las distracciones y facilitar el cumplimiento de tus hábitos productivos.

5. Superar obstáculos comunes

Identificar los obstáculos comunes: Aunque tengas las mejores intenciones, pueden surgir obstáculos que dificulten el logro de tus objetivos. Entre los obstáculos más comunes están las distracciones, el agotamiento, el perfeccionismo y el miedo al fracaso. Reconocer estos obstáculos y desarrollar estrategias para superarlos es crucial para mantener tu impulso.

Afrontar las distracciones: Las distracciones son uno de los obstáculos más comunes para la productividad. Ya sean las redes sociales, el correo electrónico o las tareas domésticas, las distracciones pueden apartarte de tu trabajo y llevarte a procrastinar. Las estrategias para hacer frente a las distracciones incluyen fijar horarios específicos para consultar el correo electrónico, utilizar aplicaciones para bloquear los sitios web que te distraen y crear un espacio de trabajo específico y libre de interrupciones.

Gestionar el agotamiento: El agotamiento ocurre cuando estás física, mental y emocionalmente exhausto debido a un estrés prolongado. Esto puede conducir a una falta de motivación y a un aumento de la procrastinación. Para controlar el agotamiento, es vital tomarse descansos regulares, dar prioridad al autocuidado y fijarse objetivos realistas. Practicar técnicas de atención plena y relajación también puede ayudar a reducir el estrés y prevenir el agotamiento.

Superar el perfeccionismo: El perfeccionismo, ese deseo de hacer todo perfecto, puede significar un obstáculo importante a la hora de empezar y terminar tus tareas. El miedo a que tu trabajo no sea perfecto puede hacer que retrases el comienzo o impidir que lo termines. Superar el perfeccionismo implica establecer normas realistas, aceptar la imperfección y centrarse en el progreso más que en la perfección. Recuerda, hecho es mejor que perfecto.

Abordar el miedo al fracaso: El temor al fracaso es un poderoso obstáculo que conduce a la evitación y la postergación. Para superar este miedo, es importante redefinir el fracaso como una oportunidad de aprendizaje y no como un juicio sobre tu valor personal. Desglosa las tareas en pequeños pasos para reducir los riesgos percibidos e incrementar tu confianza. Rodéate de personas que te apoyen y te animen a asumir riesgos y a crecer.

Ejemplo: Samantha, una creadora de contenidos, solía distraerse con las redes sociales mientras intentaba trabajar en su blog. Para solucionarlo, comenzó a utilizar un bloqueador de sitios web para limitar su acceso a las redes sociales durante las horas de trabajo. También estableció momentos específicos para consultar sus cuentas en las redes sociales. Esto mejoró su enfoque en su trabajo y redujo su procrastinación.

Ejercicios:

- **Eliminación de distracciones:** Identifica las tres distracciones principales que padeces en tu trabajo. Desarrolla un plan para minimizarlas o eliminarlas durante tus horas productivas.

- **Plan de prevención del agotamiento laboral:** Crea un plan para prevenir el agotamiento laboral que incluya descansos regulares, actividades de autocuidado y técnicas de gestión del estrés. Incorpora este plan a tu rutina diaria.

Conclusión

Las estrategias prácticas son herramientas cruciales en la batalla contra la procrastinación. Puedes reducir significativamente la procrastinación y aumentar tu productividad dividiendo las tareas en pequeños pasos, estableciendo objetivos SMART, dominando la gestión del tiempo, creando hábitos productivos y superando los obstáculos habituales. Estas estrategias no son soluciones rápidas; son soluciones a largo plazo que pueden ayudarte a tomar el control de tu tiempo y alcanzar tus metas. Al aplicar estas técnicas regularmente, descubrirás que empezar y completar tus tareas se vuelve cada vez más fácil y gratificante. En el próximo capítulo, profundizaremos en cómo desarrollar hábitos para lograr el éxito duradero, garantizando que tu progreso sea sostenible.

Desarrollar hábitos para lograr un éxito duradero

Los hábitos son la base del éxito a largo plazo. Mientras que la motivación puede variar, los hábitos ofrecen una estructura consistente que te mantiene en el tiempo, incluso en los días en los que no te sientes tan motivado. En este capítulo, exploraremos la ciencia detrás de la formación de hábitos, las estrategias para crear y mantener hábitos positivos, y cómo establecer un entorno que apoye tus metas. Al final de este capítulo, tendrás un plan claro para desarrollar hábitos que no sólo te ayuden a combatir la procrastinación, sino que también contribuirán a tu crecimiento y éxito general.

Crear una rutina

La importancia de la rutina: Una rutina consiste en una serie de acciones que seguimos de manera regular. Es la columna vertebral de la productividad, ya que estructura tu día y reduce la fatiga por tomar decisiones. Cuando tienes una rutina bien establecida, no tienes que perder el tiempo decidiendo qué hacer a continuación; pasas automáticamente de una actividad productiva a otra.

Beneficios psicológicos de la rutina: Las rutinas nos brindan una sensación de estabilidad y previsibilidad, lo que puede ayudarnos a disminuir la ansiedad y manejar mejor el estrés. Saber qué esperar cada día nos genera una sensación de control, facilitando la concentración y la productividad. Además, las rutinas refuerzan los hábitos, ayudándolos a convertirse en una parte natural de tu día a día.

Cómo construir una rutina eficaz:

- **Empieza poco a poco:** Empieza incorporando unas pocas actividades clave a tu rutina. Por ejemplo, podrías incluir una sesión de ejercicio por la mañana, dedicar un tiempo específico al trabajo o crear un ritual de relajación para la noche.

- **La coherencia es la clave:** La eficacia de una rutina radica en su constancia. Intenta llevar a cabo tu rutina a la misma hora cada día para fortalecer los hábitos.

- **Prioriza tus tareas más importantes:** Identifica tus tareas más importantes (TMI) y programa esas tareas durante tus horas de mayor productividad. Por ejemplo, si te concentras mejor por la mañana, programa tus TMI a primera hora del día.

- **Sé flexible:** Aunque la constancia es importante, la flexibilidad es igualmente crucial. La vida puede ser impredecible, así que permite que tu rutina se adapte cuando sea necesario sin sentirte culpable.

Ejemplo de rutina: Consideremos el ejemplo de la rutina diaria de un escritor freelance:

- **Por la mañana (7:00 - 9:00):** Ejercicio matutino, desayuno y planificación de las tareas del día.

- **Bloque de trabajo 1 (9:00 - 12:00):** Sesión de escritura enfocada en el proyecto más importante.

- **Pausa (12:00 - 13:00):** Almuerzo y un breve paseo.

- **Bloque de trabajo 2 (13:00 - 15:00):** Edición de textos y comunicación con clientes.

- **Por la tarde (15:00 - 17:00):** Tiempo de investigación o aprendizaje, seguido de una actividad de relajación como la lectura.

- **Por la noche (17:00 - 22:00):** Cena, actividades recreativas y preparación para el día siguiente.

Ejercicios:

- **Diseña tu rutina ideal:** Anota tus actividades diarias actuales e identifica cuáles son productivas y cuáles no. Utiliza esta información para diseñar tu rutina diaria ideal, enfocándote en tus momentos más productivos del día, en los que realizarás tus tareas más importantes.

- **Seguimiento de la rutina:** Durante la próxima semana, sigue tu nueva rutina y comprueba si la cumples. Anota cualquier desafío o ajuste que debas realizar.

Apilamiento de hábitos

¿Qué es el apilamiento de hábitos? El apilamiento de hábitos es una técnica simple pero poderosa que consiste en unir un hábito nuevo a otro que ya practicas regularmente. Dado que el hábito existente ya forma parte de tu rutina, actúa como un recordatorio para el nuevo hábito. Este método aprovecha las conexiones neuronales ya establecidas en tu cerebro, facilitando el desarrollo de nuevos hábitos.

Cómo funciona el apilamiento de hábitos: La clave para implementar el apilamiento de hábitos consiste en identificar un hábito que ya realizas de forma habitual, como lavarte los dientes, prepararte un café o chequear tu correo electrónico, y luego, añadir un nuevo hábito sobre él. Por ejemplo, si te gustaría empezar a meditar, podrías hacerlo justo después de tomarte el café de la mañana, dedicando cinco minutos a la meditación.

Pasos para poner en práctica el apilamiento de hábitos:

1. **Identifica un hábito de referencia:** Elige un hábito que ya practiques regularmente. Éste será tu hábito "ancla".

2. **Selecciona un nuevo hábito:** Elige un nuevo hábito que quieras incorporar a tu rutina. Asegúrate de que sea algo pequeño y manejable para empezar.

3. **Apila los hábitos:** Conecta el nuevo hábito al hábito de anclaje. Por ejemplo: "Después de lavarme los dientes, escribiré en mi diario durante cinco minutos".

4. **Refuerza el apilamiento:** Cada vez que completes tu hábito de anclaje, sigue inmediatamente con el nuevo hábito. Con el tiempo, esta secuencia se volverá automática.

Ejemplo: Mark, un ejecutivo muy ocupado, quería ponerse en forma, pero le costaba encontrar tiempo. Decidió añadir un nuevo hábito al que ya tenía, que era prepararse el café por la mañana. Mientras se preparaba el café, hacía un ejercicio de cinco minutos. Con el tiempo, este pequeño hábito se transformó en una rutina de ejercicio más extensa, y a Mark le resultó más fácil mantener la constancia porque estaba vinculado a algo que ya hacía todos los días.

Ejercicios:

- **Hoja de trabajo de apilamiento de hábitos:** Escribe cinco hábitos existentes que realices a diario. Junto a cada uno, anota un pequeño hábito que te gustaría añadir. Practica apilar este nuevo hábito sobre el ya existente durante la próxima semana.

- **Seguimiento de hábitos:** Utiliza un rastreador de hábitos para supervisar tu nuevo apilamiento. Marca cada día que completes con éxito el hábito ancla y el nuevo hábito a la vez.

Sistemas de rendición de cuentas

El papel de la responsabilidad: La responsabilidad es un poderoso motivador. Cuando eres responsable ante otra persona, ya sea un amigo, un mentor o una comunidad, es más probable que cumplas con tus compromisos. Los sistemas de rendición de cuentas proporcionan un refuerzo externo que te ayuda a alcanzar tus objetivos y a construir hábitos duraderos.

Tipos de sistemas de rendición de cuentas:

- **Socios o compañeros de responsabilidad:** Un socio o compañero de responsabilidad es una persona con la que compartes un objetivo o hábito similar, con quien te pones en contacto regularmente para hablar de sus progresos. Puede ser un amigo, un colega o un mentor. Los controles regulares ayudan a mantenerte enfocado y motivado.

- **Grupos de responsabilidad:** Se trata de pequeños grupos de personas que se reúnen para apoyarse mutuamente en sus objetivos. Cada miembro comparte sus progresos, desafíos y próximos pasos. La dinámica de grupo crea un ambiente de apoyo en el que todos se sienten motivados para seguir por el buen camino.

- **Herramientas digitales de rendición de cuentas:** La tecnología también puede proporcionarte responsabilidad a través de aplicaciones y plataformas diseñadas para seguir tus progresos y enviarte recordatorios. Aplicaciones como Habitica, Beeminder o StickK te permiten fijar metas, seguir tus progresos e incluso apostar dinero por tu éxito para añadir una capa extra de motivación.

Creación de un sistema eficaz de rendición de cuentas:

- **Elige al socio o grupo adecuado:** Asegúrate de elegir a alguien, o a un grupo, que esté alineado con tus objetivos y se comprometa a hacerte responsable. Es fundamental encontrar personas que te apoyen y sean sinceras.

- **Establece expectativas claras:** Define claramente las expectativas para tu relación de rendición de cuentas, incluyendo la frecuencia con la que se pondrán en contacto para reportarte, sobre qué informarás y cómo se apoyarán mutuamente.

- **Utiliza la tecnología:** Si prefieres la responsabilidad digital, explora distintas aplicaciones y herramientas que puedan ayudarte a seguir tus progresos y recordarte tus compromisos.

- **Sé constante:** Verifica regularmente tu compromiso con tu compañero o grupo de responsabilidad. La consistencia es la clave para mantener la responsabilidad y progresar de forma constante.

Ejemplo: Sarah, una diseñadora gráfica, quería crear un hábito de dibujo diario para mejorar sus habilidades. Se asoció con otra diseñadora con quien compartía un objetivo similar. Acordaron enviarse mensajes de texto todas las noches, compartiendo lo que habían dibujado ese día. Saber que tendría que informar a su compañera mantuvo a Sarah motivada, y rápidamente desarrolló un hábito constante de dibujo.

Ejercicios:

- **Busca un compañero o socio de responsabilidad:** Identifica a alguien en tu vida que comparta un objetivo similar y acércate a él para que se convierta en tu compañero de responsabilidad. Establezcan un calendario para revisar sus avances periódicamente.

- **Únete o crea un grupo de responsabilidad:** Busca comunidades en línea o grupos locales centrados en tu objetivo, o forma uno tú mismo. Organiza reuniones semanales para compartir progresos y desafíos.

- **Explora las herramientas digitales:** Experimenta con algunas herramientas digitales de rendición de cuentas para ver cuál es la que se adaptaría mejor a tus objetivos y hábitos.

Refuerzo positivo

El rol del refuerzo positivo en la formación de hábitos: El refuerzo positivo es una técnica en la que se fomenta un comportamiento deseable mediante recompensas. Cuando te recompensas sistemáticamente por completar un hábito, refuerzas las vías neuronales asociadas a ese comportamiento, lo que aumenta la probabilidad de que se convierta en un hábito arraigado.

Tipos de recompensas:

- **Recompensas intrínsecas:** Son recompensas que proceden de tu interior, como la satisfacción de completar una tarea o el orgullo de alcanzar un objetivo. Las recompensas intrínsecas suelen ser muy efectivas porque se alinean con tus valores y motivaciones internas.

- **Recompensas extrínsecas:** Son recompensas externas, como comer tu bocadillo favorito, tomarte un descanso o comprarte algo nuevo. Aunque las recompensas extrínsecas pueden ser eficaces, deben utilizarse con cuidado para evitar la dependencia.

Implementando el refuerzo positivo:

- **Identifica lo que te motiva:** Cada persona se siente motivada por diferentes recompensas. Descubre qué te resulta más gratificante: la sensación de logro, los elogios de los demás o las recompensas tangibles.

- **Establece un sistema de recompensas:** Crea un sistema en el que te recompenses por completar hábitos o alcanzar hitos. Por ejemplo, podrías permitirte ver un episodio de tu serie favorita después de completar una sesión de escritura.

- **Celebra las pequeñas victorias:** No esperes a lograr grandes cosas para celebrar. Reconoce y recompensa tus pequeñas victorias a lo largo del camino para mantener la motivación y reforzar el comportamiento positivo.

Ejemplo: Emily, una estudiante, tenía problemas para mantenerse motivada a la hora de estudiar para sus exámenes. Decidió poner en práctica un sistema de recompensas en el que se permitía 15 minutos de lectura de su libro favorito por cada hora de estudio. Esta pequeña recompensa la mantuvo motivada y, con el tiempo, desarrolló un hábito de estudio constante.

Ejercicios:

- **Crea un sistema de recompensas:** Identifica un hábito que quieras cultivar y haz una lista de pequeñas recompensas que puedes darte por completar ese hábito cada día o cada semana.

- **Registra tus recompensas:** Lleva un diario para registrar tus hábitos y las recompensas que te das a ti mismo. Reflexiona sobre el impacto de las recompensas en tu motivación y constancia.

Cómo manejar las alteraciones de los hábitos

Comprender las alteraciones de los hábitos: La vida es impredecible, y las interrupciones son inevitables. Ya sea un acontecimiento inesperado, un cambio en la rutina o un periodo de baja motivación, las interrupciones pueden desbaratar tus hábitos. La clave del éxito a largo plazo no es evitar las interrupciones, sino aprender a manejarlas cuando surgen.

Causas comunes de las alteraciones de los hábitos:

- **Acontecimientos vitales:** Los acontecimientos importantes de la vida, como una mudanza, un nuevo trabajo o cambios familiares, pueden alterar tus rutinas y hábitos.

- **Enfermedad o fatiga:** Problemas de salud o el agotamiento mental pueden dificultar el mantenimiento de tus hábitos.

- **Agotamiento:** Exigirte demasiado sin un descanso adecuado puede provocar agotamiento, afectando negativamente tus hábitos.

Estrategias para gestionar las alteraciones:

- **Planifica las interrupciones:** Anticípate a las posibles interrupciones y prepara un plan para afrontarlas. Por ejemplo, si te vas de vacaciones, decide de antemano cómo mantendrás tus hábitos mientras estés fuera.

- **Sé amable contigo mismo:** Si te enfrentas a una interrupción y te saltas un hábito, evita la autocrítica. En lugar de eso, céntrate en volver al buen camino lo antes posible. Recuerda que lo más importante es la constancia a lo largo del tiempo.

- **Adapta tus hábitos:** No tengas miedo de ajustar tus hábitos si ya no se alinean a tu situación actual. Por ejemplo, si un nuevo trabajo modifica tus horarios, cambia tus hábitos para adaptarlos a tu nueva rutina.

- **Utiliza desencadenantes de hábitos:** Refuerza tus hábitos identificando los desencadenantes que te impulsan a actuar. Estos desencadenantes pueden ayudarte a restablecer tus hábitos tras una interrupción.

Ejemplo: Jake, un desarrollador de software, había establecido un sólido hábito de práctica diaria de codificación. Sin embargo, su hábito de codificación se vio interrumpido cuando empezó un nuevo trabajo con un horario más extenso. En lugar de abandonarlo, Jake adaptó su hábito reduciendo sus sesiones de codificación a 15 minutos diarios, lo que se volvió más compatible con sus nuevos horarios. Al adaptar su hábito, Jake mantuvo la constancia a pesar de la interrupción.

Ejercicios:

- **Planificación de la alteración de hábitos:** Identifica las posibles interrupciones que podrían afectar tus hábitos. Desarrolla un plan para manejar cada una de ellas en caso de que se presenten.

- **Reflexión posterior a la interrupción:** Si se produce una interrupción, reflexiona sobre qué la causó y cómo puedes ajustar tus hábitos o rutinas para evitar que se vuelva a repetir en el futuro.

Conclusión

Crear hábitos es fundamental para lograr un éxito sostenible, superar la procrastinación y alcanzar tus objetivos. Puedes desarrollar hábitos que fomenten tu crecimiento y productividad al establecer una rutina, utilizar el apilamiento de hábitos, establecer responsabilidades, aplicar refuerzos positivos y gestionar las interrupciones de manera efectiva. Recuerda que los hábitos no se crean de la noche a la mañana; requieren paciencia, constancia y voluntad de adaptación. A medida que sigas cultivando estos hábitos, descubrirás que la batalla contra la procrastinación se hace más fácil, y que tu progreso hacia tus objetivos es más constante y gratificante. En el próximo capítulo, abordaremos la forma de superar los obstáculos habituales que pueden hacer descarrilar tus esfuerzos y mantenerte en el camino correcto, incluso cuando surjan dificultades.

Superar los obstáculos comunes

Incluso con los mejores hábitos e intenciones, pueden surgir obstáculos que descarrilen nuestro progreso y nos lleven a la procrastinación. Estos desafíos son una parte normal de cualquier camino hacia la productividad y el éxito. La clave no está en evitar estos obstáculos por completo, lo que a menudo es imposible, sino en desarrollar estrategias para superarlos cuando se presenten. En este capítulo, exploraremos algunos de los obstáculos más comunes a la productividad, como las distracciones, el agotamiento, el perfeccionismo y el miedo al fracaso, y te proporcionaremos estrategias prácticas para abordar cada uno de ellos. Al comprender estos desafíos y aprender a sobrellevarlos, podrás mantener tu impulso y seguir avanzando hacia tus objetivos.

Cómo afrontar las distracciones

La naturaleza de las distracciones: Las distracciones son omnipresentes en nuestro mundo moderno, desde el pitido constante de las notificaciones del teléfono hasta el atractivo de las redes sociales e Internet, las distracciones pueden hacer descarrilar incluso a las personas más enfocadas, llevándonos a la pérdida de tiempo y a la procrastinación. Comprender la naturaleza de las distracciones y cómo gestionarlas es esencial para mantener la productividad.

Fuentes comunes de distracción:

- **Distracciones digitales:** Las redes sociales, el correo electrónico, las compras en línea y los sitios de noticias son distracciones digitales importantes que pueden consumir horas de tu tiempo sin que te des cuenta.

- **Distracciones ambientales:** Los entornos ruidosos, los espacios de trabajo desordenados y las interrupciones de compañeros o familiares pueden interrumpir tu concentración y llevarte a procrastinar.

- **Distracciones internas:** Los pensamientos, las preocupaciones y las ensoñaciones pueden distraerte tanto como los factores externos. Las distracciones internas suelen surgir cuando te sientes estresado, ansioso o aburrido.

Estrategias para minimizar las distracciones:

- **Crea un entorno libre de distracciones:** Establece un espacio de trabajo que minimice las distracciones ambientales. Esto puede incluir el uso de auriculares con cancelación de ruido, mantener ordenado tu espacio de trabajo y establecer límites con quienes te rodean.

- **Utiliza la tecnología con prudencia:** Utiliza aplicaciones y herramientas para bloquear sitios web que te distraigan y te ayuden a gestionar el tiempo frente a la pantalla. Por ejemplo, utiliza bloqueadores de sitios web como StayFocusd o Cold Turkey para limitar el acceso a sitios que te distraigan durante las horas de trabajo.

- **Establece momentos específicos para las distracciones:** Designa momentos específicos de tu día para consultar el correo electrónico, las redes sociales u otras actividades no esenciales. Esto te ayudará a mantener la concentración durante tus periodos de trabajo y reducirá la tentación de consultar constantemente el teléfono o la computadora.

- **Técnicas de atención plena y concentración:** Practica la atención plena para ser más consciente de cuándo te distraes. Técnicas como la respiración profunda o breves sesiones de meditación pueden ayudarte a volver a tu enfoque cuando tu mente divague.

Ejemplo: Alex, un diseñador gráfico, solía distraerse con regularidad revisando las redes sociales durante sus horas de trabajo. Para superarlo, instaló un bloqueador de sitios web que restringía el acceso a las redes sociales de 9 de la mañana a 5 de la tarde. Además, organizó su espacio de trabajo, asegurándose de que estuviera libre de desorden y distracciones. Al limitar su acceso a las distracciones y crear un entorno adecuado, Alex pudo aumentar su productividad y reducir la procrastinación.

Ejercicios:

- **Identificación de distracciones:** Dedica un día a registrar todas las distracciones que te encuentren durante tu jornada laboral. Al final del día, revisa tu lista e identifica las distracciones más frecuentes y las que más te interrumpen.

- **Plan de eliminación de distracciones:** Basándote en tu lista, crea un plan para minimizar o eliminar las tres distracciones principales. Pon en práctica este plan durante la semana siguiente y controla su eficacia.

Luchando contra el agotamiento laboral

Entender el agotamiento laboral: El "Burnout" o agotamiento laboral es un estado de agotamiento físico, mental y emocional causado por el estrés prolongado y el exceso de trabajo. Puede provocar sentimientos de desapego, disminución de la productividad y aumento de la procrastinación. El agotamiento suele producirse cuando te esfuerzas demasiado sin el descanso o el apoyo adecuados.

Signos de agotamiento laboral:

- **Síntomas físicos:** La fatiga crónica, los dolores de cabeza, el insomnio y un sistema inmunitario debilitado son signos físicos comunes del agotamiento laboral.

- **Síntomas emocionales:** El agotamiento laboral puede manifestarse como una sensación de impotencia, irritabilidad y desconexión. También podrías experimentar una falta de motivación o entusiasmo por tareas que antes disfrutabas.

- **Síntomas cognitivos:** La dificultad para concentrarse, los olvidos y la disminución de la productividad son síntomas cognitivos que suelen acompañar al agotamiento laboral.

Estrategias para prevenir y recuperarse del agotamiento laboral:

- **Prioriza el autocuidado:** Es fundamental dedicar tiempo al autocuidado regular para prevenir el agotamiento. Esto incluye dormir lo suficiente, llevar una dieta equilibrada, hacer ejercicio con regularidad y dedicar tiempo a la relajación y los pasatiempos.

- **Establece límites:** Aprender a decir "no" y a establecer límites claros con los compromisos laborales y personales es crucial. Comprometerte demasiado puede provocar exceso de estrés y agotamiento.

- **Tómate descansos regulares:** Programa descansos periódicos para desconectarte y recargar energías a lo largo del día. La Técnica Pomodoro, que incluye pausas breves tras intervalos de trabajo enfocado, puede ayudar a mantener tus niveles de energía y evitar el agotamiento.

- **Busca apoyo:** No tengas miedo de pedir ayuda si te sientes abrumado. Ya sea delegando tareas, pidiendo consejo a un mentor o hablando con un terapeuta, el apoyo puede marcar una diferencia significativa en la gestión del agotamiento laboral.

Ejemplo: Nina, una gestora de proyectos, estaba al borde del agotamiento tras meses de trabajar muchas horas y asumir demasiadas responsabilidades. Se dio cuenta de que necesitaba hacer cambios para evitar un colapso total. Nina empezó a establecer límites claros en su trabajo, a delegar tareas cuando era posible y a dar prioridad al autocuidado. Además, empezó tomarse pequeños descansos a lo largo del día y se aseguró de tener tiempo para relajarse por las tardes. Estos cambios ayudaron a Nina a recuperarse del agotamiento y a recuperar su motivación.

Ejercicios:

- **Autoevaluación del agotamiento laboral:** Reflexiona sobre tu carga de trabajo actual y tus niveles de estrés. Identifica cualquier signo de agotamiento que puedas estar experimentando y crea un plan para abordarlo.

- **Rutina de autocuidado:** Desarrolla una rutina diaria de autocuidado que incluya el aspecto físico, mental y emocional. Comprométete a seguir esta rutina de manera constante.

Superando el perfeccionismo

Comprender el perfeccionismo: El perfeccionismo es la tendencia a fijarte unos niveles de exigencia excesivamente altos y a creer que todo lo que no sea perfecto es inaceptable. Si bien esforzarse por alcanzar la excelencia es admirable, el perfeccionismo puede llevar a la procrastinación, ya que pospones el inicio o la finalización de tareas por miedo a que tu trabajo no satisfaga tus elevados niveles de exigencia.

La conexión del perfeccionismo y la procrastinación: El perfeccionismo a menudo conduce a la procrastinación, porque la presión de realizar un trabajo impecable puede ser paralizante. El miedo a cometer errores o a ser juzgado puede hacer que evites ciertas tareas por completo. Esta evitación sólo aumenta el estrés y refuerza el ciclo de la procrastinación.

Estrategias para superar el perfeccionismo:

- **Establece normas realistas:** Reconoce que la perfección es inalcanzable y plantéate objetivos más realistas y alcanzables. Céntrate en hacerlo lo mejor posible en lugar de esforzarte por alcanzar la perfección.

- **Acepta la imperfección:** Acepta que los errores son una parte natural del proceso de aprendizaje. En lugar de temerlos, considera los errores como oportunidades para crecer y mejorar.

- **Divide las tareas en pasos más pequeños:** Descomponer las tareas en pasos más pequeños y manejables puede aliviar la presión de tener que ser perfecto. Cada pequeño paso se vuelve más alcanzable y menos abrumador.

- **Céntrate en el progreso, no en la perfección:** Cambia tu mentalidad y pasa de perseguir la perfección a buscar el progreso. Celebra las pequeñas victorias y reconoce el esfuerzo que estás realizando, independientemente del resultado.

Ejemplo: Lily, una redactora de contenidos, a menudo dejaba la redacción de los artículos para más tarde porque sentía que debían ser perfectos para poder enviarlos. Esta mentalidad la llevaba a incumplir los plazos y a aumentar su estrés. Para superarlo, Lily empezó a fijarse objetivos más realistas para sus artículos y se centró en terminar un borrador en lugar de buscar la perfección desde el inicio. También empezó a ver la corrección como una oportunidad para mejorar su trabajo, no como un signo de fracaso. Con el tiempo, Lily consiguió reducir su procrastinación y cumplir sus plazos de forma más constante.

Ejercicios:

- **Reflexión sobre el perfeccionismo:** Escribe un ejemplo de un momento en que el perfeccionismo te llevó a procrastinar. Reflexiona sobre cómo tus estándares podrían haber sido demasiado altos y cómo podrías ajustarlos en el futuro.

- **Diario de progreso:** Inicia un diario en el que registres tus progresos en las diversas tareas, enfocándote en lo que has logrado en lugar de en lo que aún necesitas mejorar. Utiliza este diario para reforzar una mentalidad orientada al progreso.

Abordando el miedo al fracaso

Comprender el miedo al fracaso: El miedo al fracaso es una barrera psicológica habitual que puede llevarte a la procrastinación. Esta emoción está a menudo enraizada en la creencia de que fallar afecta negativamente tus habilidades o tu valor como persona. Como resultado, podrías evitar las tareas por completo para protegerte de la posibilidad de fracasar.

El impacto del miedo al fracaso: El miedo al fracaso puede impedirte asumir riesgos, aprovechar oportunidades y alcanzar tu máximo potencial. También puede dar lugar a comportamientos de evitación, como la procrastinación, ya que pospones el inicio de tareas que crees que podrían no salirte bien.

Estrategias para superar el miedo al fracaso:

- **Reformula el fracaso como una oportunidad de aprendizaje:** Cambia tu perspectiva sobre el fracaso considerándolo una valiosa experiencia de aprendizaje, en lugar de un reflejo de tu valor como persona. Todos los fracasos ofrecen enseñanzas que pueden ayudarte a mejorar y crecer.

- **Establece objetivos pequeños y alcanzables:** Comienza por tareas pequeñas y de bajo riesgo que confíes en poder completar. A medida que vayas ganando confianza mediante estos pequeños éxitos, estarás más dispuesto a asumir retos mayores.

- **Practica la autocompasión:** Cuando experimentes reveses, trátate con amabilidad y comprensión. En lugar de criticarte, reconoce que todo el mundo comete errores y que el fracaso es una parte natural del proceso de aprendizaje.

- **Visualiza el éxito:** Utiliza técnicas de visualización para imaginarte a ti mismo completando tareas con éxito. Esto puede ayudarte a reducir la ansiedad y a aumentar la confianza en tu capacidad para lograr el éxito.

Ejemplo: James, un emprendedor, tenía una gran idea para un nuevo producto, pero seguía posponiendo su desarrollo porque temía que fracasara en el mercado. James empezó a fijarse objetivos pequeños y manejables para superar este miedo, como crear un prototipo y recabar retroalimentación de clientes potenciales. Al dar estos pequeños pasos, considerando los contratiempos como oportunidades de aprendizaje, James pudo superar su miedo y lanzar su producto con éxito.

Ejercicios:

- **Reflexión sobre el fracaso:** Escribe sobre una ocasión en la que fracasaste en algo. Reflexiona sobre lo que aprendiste de la experiencia y cómo te ayudó a crecer. Utiliza esta reflexión para replantearte tu perspectiva sobre el fracaso.

- **Ejercicio de visualización:** Dedica unos minutos cada día a visualizarte a ti mismo completando con éxito una tarea que has estado postergando. Concéntrate en las emociones positivas y la confianza que este éxito trae consigo.

Conclusión

Los obstáculos son una parte natural del camino hacia la productividad y el éxito, pero no tienen por qué descarrilar tu progreso. Si aprendes a gestionar las distracciones, a prevenir el agotamiento y a recuperarte de él, a superar el perfeccionismo y a afrontar el miedo al fracaso, podrás mantener el impulso y seguir avanzando.

Las estrategias descritas en este capítulo están diseñadas para ayudarte a superar estos desafíos habituales con confianza y resiliencia. A medida que pongas en práctica estas técnicas, descubrirás que los obstáculos serán cada vez menos desalentadores, y estarás mejor equipado para mantenerte en el buen camino y alcanzar tus metas. En el próximo capítulo, exploraremos cómo afecta la tecnología a la procrastinación y cómo puedes utilizarla en tu beneficio.

Marca la diferencia con tu opinión

Libera el poder de la generosidad

> *"La mejor manera de encontrarte a ti mismo es perderte en el servicio a los demás".* - Mahatma Gandhi

A menudo nos sentimos más felices y realizados cuando ayudamos a los demás sin esperar nada a cambio. Juntos, ¡marquemos la diferencia!

¿Eres alguien que ha luchado contra la procrastinación pero que ahora está en el camino para superarla? Si es así, sabes lo difícil que puede ser dar los primeros pasos.

Mi objetivo con *Libérate: Una guía integral para superar la procrastinación* es hacer que dejar atrás los malos hábitos y aumentar la productividad esté al alcance de todos. Pero necesito tu ayuda para llegar a más gente.

La mayoría de los lectores buscan reseñas antes de decidirse por un libro. Al dejar una reseña, puedes ayudar a otros como tú a encontrar la inspiración y la orientación que necesitan para superar la procrastinación.

No cuesta nada y te tomará menos de un minuto, pero tu opinión podría marcar la diferencia. Tus amables palabras podrían ayudar a que:

- Una persona más de el primer paso hacia la productividad.
- Otro lector se dé cuenta de que no está solo en su lucha.

Para crear un impacto, simplemente escanea el código QR que figura a continuación:

Si te apasiona ayudar a los demás tanto como a mí, entonces eres precisamente el tipo de persona para quien este libro fue escrito. ¡Gracias de todo corazón!   **Hayden**

El impacto de la tecnología en la procrastinación

La tecnología es un arma de doble filo. Si bien nos ofrece herramientas increíbles para la productividad, también presenta innumerables oportunidades para la procrastinación. En nuestro mundo hiperconectado, las distracciones están al alcance de un clic, y el atractivo de la gratificación instantánea puede hacer descarrilar fácilmente incluso a las personas más decididas. En este capítulo exploraremos las formas en que la tecnología contribuye a la procrastinación y puede ayudar a combatirla. Examinaremos las distracciones digitales más comunes, la psicología detrás de nuestra atracción hacia ellas, y te ofreceremos estrategias prácticas para utilizar la tecnología como aliada en tu lucha contra la procrastinación.

El encanto de la gratificación instantánea

Comprender la gratificación instantánea: La gratificación instantánea es el deseo de experimentar placer o satisfacción de forma inmediata. En la era digital actual, la capacidad de satisfacer este deseo es más accesible que nunca. Ya sea a través de las redes sociales, las compras en línea o los servicios de streaming, podemos satisfacer instantáneamente nuestras necesidades de entretenimiento, conexión social e información. Sin embargo, esta conveniencia tiene un precio, a menudo haciendo que procrastinemos en tareas más relevantes.

El efecto dopamina: Como hemos mencionado en el Capítulo 2, la dopamina desempeña un papel clave en el sistema de recompensas de nuestro cerebro. Cuando realizamos actividades que nos proporcionan una gratificación instantánea, como consultar las redes sociales o ver un video corto, nuestro cerebro libera dopamina, haciéndonos sentir bien. Esta liberación de dopamina refuerza el comportamiento, haciéndonos más propensos a buscar actividades similares en el futuro, incluso a expensas de nuestros objetivos a largo plazo.

Por qué ansiamos la gratificación instantánea:

- **Escapar de la incomodidad:** Una de las razones por las que buscamos la gratificación instantánea es para escapar del malestar, como el aburrimiento, el estrés o la ansiedad. Participar en una actividad rápida y placentera nos permite evitar temporalmente estos sentimientos negativos.

- **Miedo a perderse algo (FOMO):** Las plataformas de las redes sociales están diseñadas para mantenernos enganchados ofreciéndonos constantemente nuevos contenidos. El miedo a perdernos algo importante o interesante nos hace comprobar nuestros dispositivos constantemente.

- **Percepción de productividad:** A veces, justificamos la gratificación instantánea convenciéndonos de que estamos siendo productivos. Por ejemplo, al leer un artículo en Internet puede parecernos que estamos aprendiendo algo valioso, aunque no esté directamente relacionado con nuestros objetivos.

Estrategias para manejar la gratificación instantánea:

- **Retrasa la gratificación:** Entrénate para retrasar la gratificación practicando la autodisciplina. Por ejemplo, programa un temporizador durante 25 minutos y enfócate en tu trabajo durante ese tiempo. Al finalizar, recompénsate con una breve pausa para consultar las redes sociales o disfrutar de otra actividad gratificante.

- **Establece límites:** Define momentos específicos en los que podrás interactuar con la tecnología. Por ejemplo, dedica ciertos horarios para revisar correos electrónicos o redes sociales y cíñete a ellos.

- **Utiliza la tecnología a tu favor:** Aprovecha las herramientas tecnológicas para ayudarte a mantener el enfoque. Utiliza aplicaciones que bloqueen los sitios web que te distraen o que limiten el tiempo que pasas frente a la pantalla. Estas herramientas pueden ayudarte a reducir la tentación de buscar la gratificación instantánea.

- **Practica la atención plena:** Desarrolla técnicas de atención plena que te ayuden a ser más consciente de tus impulsos y de los desencadenantes que te llevan a la gratificación instantánea. La conciencia plena puede ayudarte a tomar decisiones más intencionadas sobre el uso de la tecnología.

Ejemplo: Jane, una estudiante universitaria, se distraía constantemente con su teléfono mientras intentaba estudiar. Chequeaba las redes sociales cada pocos minutos, lo que afectaba significativamente su concentración y su tiempo de estudio. Para combatirlo, Jane comenzó a utilizar una aplicación de bloqueo de sitios web que restringía el acceso a las redes sociales durante sus horas de estudio. También practicó la atención plena, prestando atención cuando sentía la necesidad de mirar su teléfono y enfocándose conscientemente en sus estudios. Con el tiempo, Jane consiguió reducir su dependencia de la gratificación instantánea y mejorar sus hábitos de estudio.

Ejercicios:

- **Ejercicio de retraso de gratificación:** Elige una tarea que debas completar y programa un temporizador por 25 minutos. Durante este tiempo, céntrate únicamente en la tarea y evita cualquier distracción. Al finalizar, permítete un breve descanso como recompensa.

- **Ejercicio de establecimiento de límites:** Identifica las tres distracciones digitales que más te incitan a procrastinar. Define momentos específicos del día en los que podrás interactuar con estas distracciones y comprométete a evitarlas fuera de estos momentos.

Distracciones digitales comunes

Redes Sociales: Las plataformas de redes sociales como Facebook, Instagram, Twitter y TikTok están diseñadas para crear adicción. El interminable desplazamiento por sus contenidos, combinado con la respuesta instantánea de los "me gusta" y los comentarios, hace que sea fácil perder la noción del tiempo. Las redes sociales pueden distraernos especialmente porque aprovechan nuestras necesidades sociales y nuestro deseo de conexión y aprobación.

Servicios de streaming: Servicios como Netflix, YouTube y Hulu ofrecen entretenimiento sin fin al alcance de nuestra mano. Ver series de forma compulsiva o caer en la trampa de la seguidilla de reels puede llevarnos a consumir horas que podríamos haber dedicado a actividades más productivas.

Juegos para el móvil: Los juegos para móvil son otra importante fuente de distracción. Muchos juegos están diseñados para ser rápidos y fáciles de jugar, lo que los hace perfectos para pausas breves. Sin embargo, estas breves pausas pueden convertirse rápidamente en largas sesiones de juego, que te llevan a posponer tareas importantes.

Correos electrónicos y notificaciones: Las notificaciones constantes de correos electrónicos, aplicaciones de mensajería y otros servicios pueden ser muy molestas. Cada notificación desvía tu atención del trabajo, dificultando la concentración y el seguimiento de la tarea. La presión para responder inmediatamente también puede contribuir al estrés y a la procrastinación.

Estrategias para manejar las distracciones digitales:

- **Desintoxicación de las redes sociales:** Considera la posibilidad de desintoxicarte de las redes sociales eliminando temporalmente las aplicaciones de tu teléfono o utilizando una extensión del navegador para bloquear el acceso a estos sitios. Incluso una breve pausa puede ayudarte a restablecer tus hábitos.

- **Tiempo de streaming programado:** Limita tu tiempo de streaming programando horas específicas para ver programas o videos. Utiliza este tiempo como recompensa por completar tareas importantes.

- **Límites de juego en el móvil:** Establece límites de tiempo en las aplicaciones de juegos o utiliza funciones de control parental para restringir el acceso a los juegos durante las horas de trabajo.

- **Gestión de correos electrónicos:** Desactiva las notificaciones no esenciales y establece momentos específicos del día para chequear y responder a los correos electrónicos. Esto evita las interrupciones constantes y te permite enfocarte en tu trabajo.

Ejemplo: Tom, un gerente de ventas, notó que su productividad se veía resentida al consultar constantemente su correo electrónico y las redes sociales durante sus horarios de trabajo. Para solucionarlo, desactivó todas las notificaciones no esenciales y programó horarios concretos para consultar su correo electrónico y sus redes sociales. También instaló una aplicación que bloqueaba el acceso a las redes sociales durante sus horas más productivas. Estos cambios permitieron a Tom enfocarse más eficazmente en su trabajo y reducir su procrastinación.

Ejercicios:

- **Auditoría de distracciones digitales:** Dedica un día a controlar el tiempo que pasas en las redes sociales, los servicios de streaming, los juegos para móvil y otras distracciones digitales. Al final del día, chequea tus hallazgos e identifica las áreas en las que puedes reducir el tiempo.

- **Control de notificaciones:** Chequea tu teléfono y desactiva todas las notificaciones no esenciales. Considera conservar sólo las notificaciones más importantes, como llamadas o mensajes urgentes.

Estrategias para manejar el uso de la tecnología

El minimalismo digital es una filosofía que fomenta la intencionalidad en el modo en que utilizamos la tecnología. El objetivo es maximizar los beneficios de la tecnología minimizando sus efectos negativos sobre tu productividad y bienestar. Esta práctica implica evaluar periódicamente tus hábitos tecnológicos y tomar decisiones conscientes sobre qué conservar, reducir o eliminar por completo.

Aplicaciones de gestión del tiempo: Existen numerosas aplicaciones disponibles que pueden ayudarte a gestionar tu tiempo de forma más eficaz. Algunas opciones populares son:

- **RescueTime:** Realiza un seguimiento de cómo pasas el tiempo en tu computadora y proporciona informes detallados para ayudarte a identificar dónde estás perdiendo tu tiempo.

- **Forest:** Te anima a mantenerte enfocado haciendo crecer un árbol virtual por cada sesión de trabajo concentrado que completes. Si sales de la aplicación para chequear tu teléfono, el árbol muere.

- **Focus@Will:** Utiliza música científicamente diseñada para mejorar la concentración y la productividad, ayudándote a permanecer en la tarea durante períodos más largos.

Establecer límites digitales: Definir límites en torno a tu uso de la tecnología puede ayudarte a mantener el control sobre tu tiempo. Esto puede incluir:

- **Mañanas sin pantalla:** Comienza el día sin consultar inmediatamente el teléfono o tu computadora. Utiliza la primera hora del día para actividades como el ejercicio, la meditación o la lectura.

- **Toque de queda tecnológico:** Fija una hora por la noche en la que dejes de utilizar todas las pantallas. Esto puede ayudarte a relajarte y a mejorar la calidad de tu sueño.

- **Zonas libres de dispositivos:** Designa ciertas zonas de tu casa, como el dormitorio o el comedor, como zonas libres de dispositivos. Esto te animará a estar más presente en esos espacios, reduciendo la tentación de procrastinar.

Utiliza la tecnología a tu favor: Si bien la tecnología puede ser una fuente de distracción, también puede ser una poderosa herramienta para aumentar tu productividad si la utilizas correctamente. Aquí te presentamos algunas formas de utilizar la tecnología en tu beneficio:

- **Herramientas de gestión de tareas:** Aplicaciones como Todoist, Trello y Asana te ayudan a organizar tus tareas, establecer plazos y realizar un seguimiento de tus progresos. Estas herramientas pueden mantenerte en el camino correcto y reducir la probabilidad de procrastinación.

- **Automatización:** Automatiza las tareas repetitivas utilizando herramientas como IFTTT (If This Then That) o Zapier. La automatización puede ahorrar tiempo y reducir la carga mental, liberándote para centrarte en tareas más importantes.

- **Plataformas de aprendizaje en línea:** Utiliza plataformas como Coursera, Udemy o LinkedIn Learning para adquirir nuevas habilidades y conocimientos. Programando sesiones regulares de aprendizaje, puedes convertir la tecnología en un hábito productivo.

Ejemplo: Emma, una diseñadora gráfica, decidió adoptar el minimalismo digital tras darse cuenta de que dedicaba demasiado tiempo a su teléfono y no el suficiente a sus proyectos creativos. Comenzó por despejar su teléfono, eliminar todas las aplicaciones no esenciales y establecer mañanas sin pantallas. Emma también empezó a utilizar una aplicación de gestión de tareas para organizar sus proyectos y una aplicación de control del tiempo para supervisar cómo empleaba sus horas de trabajo. Estos cambios ayudaron a Emma a recuperar su tiempo y a enfocarse en su trabajo creativo.

Ejercicios:

- **Organización digital:** Tómate un tiempo para ordenar tu vida digital. Elimina aplicaciones, date de baja de cadenas de correos electrónicos y deja de seguir cuentas de redes sociales que no aporten valor a tu vida. Céntrate en conservar sólo lo que realmente sirva a tus objetivos.

- **Establece una zona libre de dispositivos:** Elige una zona de tu casa para dejarla libre de dispositivos. Comprométete a mantener este espacio libre de pantallas durante una semana y observa cómo afecta a tu productividad y bienestar.

Conclusión

La tecnología es una parte integral de nuestras vidas, y aunque nos brinda muchas ventajas, también puede ser una fuente importante de procrastinación. Al comprender la psicología detrás de la gratificación instantánea, identificar las distracciones digitales más comunes y poner en práctica estrategias para manejar tu uso de la tecnología, puedes hacer que ésta deje de ser un obstáculo y se convierta en una poderosa herramienta de productividad. La clave está en utilizar la tecnología de forma intencionada y consciente, asegurándote de que respalde tus objetivos en lugar de desviarte de ellos. A medida que apliques estas estrategias, descubrirás que puedes disfrutar de las ventajas de la tecnología sin caer en la trampa de la procrastinación. En el próximo capítulo exploraremos cómo se manifiesta la procrastinación en los distintos contextos, como el laboral, el académico y el personal, y cómo puedes adaptar tus estrategias a cada situación.

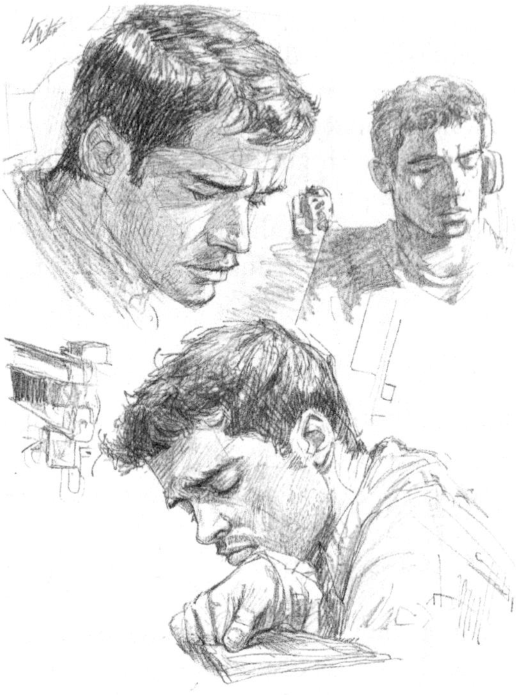

La Procrastinación en contextos específicos

La procrastinación se puede presentar de diferentes formas dependiendo del contexto. Tanto si estás en un entorno académico, como en el trabajo, en la industria creativa o lidiando con objetivos personales, los factores que impulsan la procrastinación y las estrategias para superarla pueden variar significativamente. Comprender estos matices es crucial para adaptar tu enfoque para vencer la procrastinación en cada ámbito de tu vida. En este capítulo, exploraremos cómo se manifiesta la procrastinación en los distintos contextos y te proporcionaremos estrategias específicas para mantenerte productivo y alcanzar tus objetivos, sin importar el entorno.

Procrastinación académica

Comprender la procrastinación académica: La procrastinación académica es un problema común entre los estudiantes de todos los niveles. Consiste en retrasar las tareas académicas, como estudiar para los exámenes, completar tareas o iniciar proyectos de investigación. Esta forma de procrastinación suele estar motivada por el miedo al fracaso, la falta de interés o una carga de trabajo abrumadora, lo que provoca estrés, bajas calificaciones y un rendimiento deficiente en el aprendizaje.

Causas comunes:

- **Perfeccionismo:** Muchos estudiantes posponen sus tareas porque quieren que su trabajo sea perfecto, lo que puede paralizarlos a la hora de empezar o terminar tareas.

- **Miedo al fracaso:** El temor a no cumplir con los estándares académicos o a decepcionar a los demás puede llevar a los estudiantes a evitar las tareas por completo.

- **Mala gestión del tiempo:** Sin una agenda estructurada, los estudiantes pueden tener dificultades para administrar su tiempo, lo que los lleva a estudiar a última hora y a realizar sus trabajos con prisas.

- **Falta de interés:** Cuando los estudiantes no encuentran atractiva una materia, son más propensos a procrastinar.

Estrategias para superar la procrastinación académica:

- **Establece objetivos claros y alcanzables:** Divide las grandes tareas académicas en objetivos más pequeños y manejables. Por ejemplo, en lugar de escribir todo un trabajo de investigación de un tirón, empieza estableciendo como meta redactar primero la introducción.

- **Utiliza una agenda o calendario:** Lleva un registro de todas las tareas, exámenes y plazos en una agenda o calendario digital. Programa tus sesiones de estudio y tareas con antelación para evitar el estrés de última hora.

- **Crea una rutina de estudio:** Desarrolla una rutina de estudio consistente que incluya descansos regulares. Por ejemplo, utiliza la Técnica Pomodoro para estudiar en intervalos concentrados, seguidos de breves descansos.

- **Busca apoyo:** Si tienes dificultades con determinadas asignaturas o tareas, no dudes en pedir ayuda a profesores, tutores o grupos de estudio. La colaboración puede hacer que el trabajo sea más atractivo y menos abrumador.

Ejemplo: Anna, una estudiante universitaria, luchaba constantemente contra la procrastinación, sobre todo a la hora de escribir sus ensayos. A menudo empezaba las tareas la noche anterior a la fecha de entrega, lo que resultaba en un trabajo de mala calidad y mucho estrés. Para combatirlo, Anna comenzó a fijarse objetivos específicos y alcanzables para cada fase de su redacción. También utilizó un calendario digital para programar sus sesiones de estudio y establecer recordatorios de las fechas de entrega. Estas estrategias ayudaron a Anna a comenzar antes sus tareas, reducir su estrés y mejorar la calidad de sus trabajos.

Ejercicios:

- **Creación de planes de estudio:** Elige una tarea o examen próximo y crea un plan de estudio detallado. Divide la tarea en pasos más pequeños y asigna plazos para cada paso. Sigue este plan para garantizar un progreso constante.

- **Reflexión académica:** Piensa en una ocasión en la que hayas postergado una tarea académica. ¿Cuáles fueron las razones de esa procrastinación y cómo afectó tu rendimiento? Utiliza esta reflexión para identificar estrategias que puedas aplicar en el futuro.

Procrastinación en el trabajo

Comprender la procrastinación en el trabajo: La procrastinación en el trabajo puede llevarnos a incumplir los plazos, disminuir la productividad y tensar las relaciones con nuestros compañeros. A menudo tiene su origen en expectativas laborales poco claras, cargas de trabajo abrumadoras o falta de motivación. Comprender las causas de la procrastinación en el trabajo y cómo abordarlas es esencial para mantener el éxito profesional y la satisfacción laboral.

Causas comunes:

- **Sobrecarga de tareas:** Cuando te enfrentas a demasiadas tareas o proyectos, puede ser difícil saber por dónde empezar, lo que te lleva a procrastinar.

- **Falta de claridad:** Las instrucciones o expectativas poco claras pueden dificultar el inicio de una tarea, ya que es posible que no sepas qué se espera de ti.

- **Aburrimiento:** Las tareas repetitivas o poco estimulantes pueden provocar desinterés y postergación.

- **Miedo al fracaso:** La presión por rendir bien en un entorno profesional puede provocar ansiedad, lo que a su vez puede llevarnos a la procrastinación.

Estrategias para superar la procrastinación en el trabajo:

- **Prioriza las tareas:** Utiliza herramientas como la Matriz de Eisenhower para priorizar las tareas en función de su urgencia e importancia. Céntrate en completar primero las tareas más importantes.

- **Divide las tareas en pasos:** Al igual que con las estrategias académicas, divide las tareas de trabajo más grandes en pasos más pequeños y manejables. Esto reduce la sensación de agobio y facilita el comienzo.

- **Aclara las expectativas:** Si no tienes clara una tarea o un proyecto, pide aclaraciones a tu supervisor o a tus compañeros. Comprender las expectativas puede ayudar a reducir la ansiedad y facilitar su comienzo.

- **Establece objetivos profesionales:** Define objetivos profesionales claros para mantenerte motivado. Ya sea completar un proyecto antes de lo previsto o aprender una nueva habilidad, establecer objetivos puede mantenerte enfocado y motivado.

Ejemplo: Michael, un gestor de proyectos, solía posponer la redacción de informes porque le parecía una tarea aburrida y repetitiva. Para superarlo, comenzó a dividir el proceso de redacción de informes en tareas más pequeñas, como recopilar datos, elaborar un esquema y redactar cada sección. Michael también se fijó el objetivo personal de mejorar su capacidad de redacción de informes, lo que le ayudó a mantenerse motivado. Al dividir la tarea en pasos y fijarse objetivos, Michael pudo completar sus informes con más eficacia y menos procrastinación.

Ejercicios:

- **Desglose de tareas:** Elige una tarea que hayas estado posponiendo y divídela en pasos más pequeños y manejables. Programa tiempo para completar cada paso durante la semana siguiente.

- **Solicitud de aclaración:** Identifica una tarea o proyecto en el trabajo que te parezca poco claro. Dirígete a tu supervisor o a un compañero para que te lo aclare, y fíjate en cómo afecta esto a tu motivación para comenzar la tarea.

La procrastinación en las industrias creativas

Comprendiendo la procrastinación creativa: La procrastinación en las industrias creativas suele deberse a bloqueos creativos, al perfeccionismo y a la presión de producir constantemente obras originales. Los creativos pueden retrasar el inicio o la finalización de proyectos por miedo a que su trabajo no sea lo suficientemente bueno o porque les cuesta encontrar la inspiración. Comprender los desafíos específicos del trabajo creativo puede ayudarte a desarrollar estrategias para superar la procrastinación y seguir siendo productivo.

Causas comunes:

- **Bloqueos creativos:** La falta de inspiración o un bloqueo mental pueden dificultar el inicio o la continuación de un proyecto creativo.

- **Perfeccionismo:** Los creativos suelen exigirse mucho a sí mismos, temiendo que su trabajo no sea impecable. Esto puede llevarlos a procrastinar, ya que la presión por ser perfectos les impide empezar o terminar los proyectos.

- **Miedo a la crítica:** El temor a ser juzgados por los demás puede hacer que retrases la presentación de tu trabajo o incluso el inicio del mismo.

- **Desorganización:** Los proyectos creativos a menudo incluyen múltiples componentes, por lo que es fácil sentirse abrumado e inseguro sobre por dónde empezar.

Estrategias para superar la procrastinación creativa:

- **Establece objetivos creativos más pequeños:** Divide tu proyecto creativo en objetivos más pequeños y alcanzables. Por ejemplo, si estás escribiendo una novela, fíjate el objetivo de escribir 500 palabras al día en lugar de centrarte en completar todo el manuscrito.

- **Acepta la imperfección:** Recuérdate a ti mismo que ningún trabajo creativo es realmente perfecto. Permítete crear borradores imperfectos y considéralos parte del proceso creativo.

- **Utiliza estímulos y retos:** Si luchas contra un bloqueo creativo, utiliza estímulos o participa en retos creativos para despertar la inspiración y hacer que fluyan tus ideas.

- **Colabora con otros:** Trabajar con otros creativos puede aportar nuevas perspectivas, ideas y motivación. La colaboración también puede ayudar a aliviar la presión de trabajar solo y a reducir la procrastinación.

Ejemplo: Sophie, una ilustradora freelance, a menudo posponía el inicio de nuevos proyectos porque temía que su trabajo no estuviera a la altura de sus elevadas exigencias. Para superarlo, Sophie comenzó a fijarse pequeños objetivos diarios para su trabajo de ilustración, como dibujar un personaje o crear una paleta de colores. También se unió a una comunidad en línea de ilustradores en la que compartían sugerencias diarias y se proporcionaban retroalimentación mutua. Esto ayudó a Sophie a mantenerse motivada y a superar su perfeccionismo, lo que le permitió completar sus proyectos con mayor regularidad.

Ejercicios:

- **Establecimiento de metas creativas:** Elige un proyecto creativo en el que estés trabajando actualmente y establece una serie de pequeños objetivos diarios. Controla tu progreso durante la semana siguiente y observa cómo afecta a tu productividad dividir el proyecto en tareas más pequeñas.

- **Colaboración creativa:** Ponte en contacto con un colega creativo o únete a una comunidad en línea para colaborar en un pequeño proyecto o intercambiar retroalimentación. Observa cómo la colaboración influye en tu motivación y reduce la procrastinación.

Procrastinación en la vida personal

Comprendiendo la procrastinación en la vida personal: La procrastinación no se limita solo al ámbito académico o profesional; también afecta a los objetivos y responsabilidades personales. Desde posponer el ejercicio, retrasar los proyectos domésticos o descuidar las actividades de crecimiento personal, la procrastinación en tu vida personal puede impedirte alcanzar todo tu potencial y vivir una vida plena.

Causas comunes:

- **Falta de consecuencias inmediatas:** Las tareas personales no suelen tener las mismas consecuencias inmediatas que las tareas laborales o estudiantiles, por lo que es más fácil posponerlas.

- **Poca motivación:** Los objetivos personales pueden no parecer siempre urgentes o importantes, lo que conduce a una falta de motivación para iniciarlos o completarlos.

- **Agobio:** Los grandes proyectos personales, como renovaciones en el hogar o los objetivos de acondicionamiento físico, pueden resultar abrumadores, lo que conduce a la evitación y la postergación.

- **Desconexión con los objetivos:** Cuando tus metas personales no se alinean con tus valores o intereses, es fácil perder la motivación y procrastinar.

Estrategias para superar la procrastinación en la vida personal:

- **Establece objetivos SMART:** Aplica el marco de fijación de objetivos SMART (Específicos, Mensurables, Alcanzables, Relevantes, Limitados en el tiempo) a tus objetivos personales. Esto los hace más tangibles y fáciles de alcanzar.

- **Responsabilízate:** Comparte tus objetivos personales con un amigo o familiar que pueda ayudarte a rendir cuentas. Los controles regulares pueden proporcionarte la motivación que necesitas para seguir por el buen camino.

- **Divide los proyectos en pasos:** Al igual que en otros contextos, dividir los grandes proyectos personales en pasos más pequeños puede hacerlos más manejables y menos abrumadores.

- **Conecta con tus valores:** Reflexiona sobre por qué tus objetivos personales son importantes para ti. Conectarlos con tus valores fundamentales puede aumentar la motivación y reducir la procrastinación.

Ejemplo: John, un profesional muy ocupado, quería mejorar su forma física pero seguía posponiendo ir al gimnasio. Para superarlo, se fijó el objetivo SMART de hacer ejercicio tres veces por semana durante 30 minutos en cada sesión. John también se asoció con un amigo que tenía objetivos similares, y se responsabilizaron mutuamente comprobándolo después de cada entrenamiento. Al establecer metas claras y crear responsabilidad, John pudo mantenerse motivado e integrar el ejercicio regular en su rutina.

Ejercicios:

- **Ejercicio del marco SMART:** Elige un objetivo personal que hayas estado posponiendo y aplícale el marco SMART. Anota tu objetivo y planifica los pasos que darás para conseguirlo.

- **Compañeros o socios de responsabilidad:** Identifica a un amigo o familiar que comparta un objetivo personal similar al tuyo, asóciate con él para responsabilizarte y programa controles periódicos para seguir tus progresos.

Comparando diferentes contextos

Comprender las diferencias: Aunque las causas profundas de la procrastinación pueden ser similares en los distintos contextos, la forma en que se manifiesta y las estrategias para superarla pueden variar. Por ejemplo, la procrastinación académica suele estar relacionada con el miedo al fracaso o el perfeccionismo, mientras que la procrastinación laboral puede estar motivada por la sobrecarga de tareas o la falta de claridad. En las industrias creativas, la procrastinación suele estar relacionada con el bloqueo creativo o el miedo a la crítica, mientras que la procrastinación en la vida personal puede deberse a la falta de motivación o a la desconexión con los objetivos.

Adaptar las estrategias a los contextos:

- **Entorno académico:** Enfócate en la gestión del tiempo, la fijación de objetivos y la búsqueda de apoyo. Técnicas como dividir las tareas y crear una rutina de estudio pueden ser especialmente efectivas.

- **Entorno laboral:** La priorización, el desglose de tareas y la claridad son fundamentales. Herramientas como la Matriz de Eisenhower y una comunicación clara pueden ayudarte a mantener el rumbo.

- **Industrias creativas:** Enfatiza en técnicas que fomenten la creatividad, como establecer pequeñas metas, aceptar la imperfección y colaborar con otros.

- **Vida personal:** La motivación, la responsabilidad y la conexión con los valores son esenciales. Utiliza objetivos SMART y socios o compañeros responsables para que los proyectos personales sigan avanzando.

Ejemplo: Julia, una profesora que también dirige una pequeña tienda en Etsy, se dio cuenta de que procrastinaba de forma diferente según el contexto. En el trabajo, le costaba priorizar sus tareas, mientras que en su negocio creativo, a menudo retrasaba el inicio de nuevos proyectos debido al perfeccionismo. Al reconocer estas diferencias, Julia pudo aplicar las estrategias adecuadas a cada contexto: utilizar técnicas de gestión del tiempo en el trabajo y establecer pequeños objetivos creativos para su tienda en Etsy.

Ejercicios:

- **Reflexión sobre el contexto:** Reflexiona sobre un momento en el que procrastinaste en cada uno de los contextos tratados (académico, laboral, creativo, personal). Anota los retos concretos a los que te enfrentaste y las estrategias que utilizaste (o podrías haber utilizado) para superarlos.

- **Adaptación de estrategias:** Elige un contexto en el que procrastines con frecuencia y adapta una estrategia específicamente para ese contexto. Pon en práctica esta estrategia durante la próxima semana y observa cómo repercute en tu productividad.

Conclusión

La procrastinación puede manifestarse de diversas formas según el contexto, pero la buena noticia es que existen estrategias eficaces para cada situación. Tanto si tienes problemas con trabajos académicos, tareas laborales, proyectos creativos u objetivos personales, comprender los desafíos específicos de cada contexto puede ayudarte a adaptar tu enfoque y superar la procrastinación. Al aplicar las estrategias específicas tratadas en este capítulo, podrás seguir siendo productivo y alcanzar tus objetivos, sin importar el entorno. En el próximo capítulo, profundizaremos en la relación entre la procrastinación y la salud mental, analizando cómo pueden influir en la procrastinación trastornos como la ansiedad, la depresión y el TDAH, y qué puedes hacer para controlarlos.

Procrastinación y salud mental

La procrastinación no es sólo un problema de productividad; a menudo está estrechamente relacionada con la salud mental. Afecciones como la ansiedad, la depresión y el TDAH pueden exacerbar la procrastinación, haciendo aún más difícil mantener el rumbo y alcanzar tus objetivos. En este capítulo exploraremos la compleja relación entre la procrastinación y la salud mental. Aprenderás cómo los problemas de salud mental contribuyen a la procrastinación y, lo que es más importante, cómo gestionar estas afecciones para reducir la procrastinación y mejorar tu bienestar general. Al comprender los factores de salud mental en juego, podrás desarrollar estrategias para superar la procrastinación de forma compasiva, realista y eficaz.

La ansiedad y la procrastinación

Comprender la conexión entre ansiedad y procrastinación: La ansiedad y la procrastinación suelen ir de la mano. Cuando sientes ansiedad respecto a una tarea, ésta puede parecerte abrumadora o amenazante, lo que conduce a un comportamiento de evasión. Esta evasión es una forma de reducir la ansiedad temporalmente. Sin embargo, a menudo conduce a problemas más importantes en el futuro, como el incumplimiento de plazos, el aumento del estrés y un ciclo de procrastinación crónica.

Cómo la ansiedad alimenta la procrastinación:

- **Miedo al fracaso:** La ansiedad suele derivarse del miedo al fracaso, que puede hacer que la idea de empezar o terminar una tarea resulte abrumadora. Puede preocuparte no cumplir las expectativas o enfrentarte a las críticas, lo que te lleva a posponer la tarea por completo.

- **Sobreestimación de la dificultad:** La ansiedad puede hacer que sobrestimes la dificultad de una tarea, haciéndola parecer insuperable. Esta percepción puede paralizarte, impidiéndote incluso empezar.

- **Catastrofización:** Los individuos ansiosos son propensos a la catastrofización, imaginando los peores resultados posibles. Esto puede llevar a la procrastinación, ya que intentan evitar estos escenarios tan temidos.

Estrategias para gestionar la procrastinación relacionada con la ansiedad:

- **Técnicas Cognitivo-Conductuales:** Las técnicas de Terapia Cognitivo-Conductual (TCC) se utilizan para cuestionar y replantear los pensamientos negativos. Por ejemplo, si tienes miedo a fracasar, recuerda que los errores son una parte normal del aprendizaje.

- **Atención plena y relajación:** Practica la meditación de atención plena o ejercicios de respiración profunda para reducir la ansiedad. Estas técnicas te ayudarán a permanecer anclado en el momento presente, reduciendo el poder de los pensamientos ansiosos.

- **Exposición gradual:** exponte gradualmente a las tareas que evitas con pequeños pasos manejables. Por ejemplo, si te provoca ansiedad dar una presentación, empieza practicando delante de un amigo o grabándote a ti mismo.

- **Establece objetivos realistas:** Divide las tareas en objetivos más pequeños y alcanzables para reducir los sentimientos de agobio. Celebra cada pequeño éxito para aumentar tu confianza y reducir la ansiedad.

Ejemplo: Rachel, una ejecutiva de marketing, a menudo posponía las tareas que requerían hablar en público porque le preocupaba la forma en que la percibirían. Para superarlo, comenzó a utilizar la exposición gradual, comenzando con pequeñas presentaciones de poca importancia delante de su equipo. Con el tiempo, la confianza de Rachel aumentó y pudo enfrentarse a presentaciones de mayor envergadura con menos ansiedad y postergación.

Ejercicios:

- **Reflexión sobre la ansiedad:** Anota una tarea que hayas estado evitando debido a la ansiedad. Identifica los miedos específicos asociados a esta tarea y utiliza técnicas de TCC para desafiar estos miedos.

- **Práctica de la atención plena:** Reserva 10 minutos diarios para practicar la meditación de atención plena o la respiración profunda. Observa cómo esta práctica afecta a tus niveles de ansiedad y a tu disposición a realizar tareas.

Depresión y procrastinación

Comprendiendo la conexión entre depresión y postergación: La depresión puede afectar gravemente a tu capacidad para llevar a cabo las tareas. Cuando estás deprimido, puedes sentir falta de energía, motivación e interés respecto a tareas que antes te resultaban agradables o satisfactorias. Esto puede conducirte a un ciclo de procrastinación, en el que la falta de actividad refuerza los sentimientos de inutilidad y desesperanza.

Cómo la depresión alimenta la procrastinación:

- **Poca energía y fatiga:** La depresión suele causar fatiga física y mental, haciendo que incluso las tareas más sencillas resulten agotadoras. Esta falta de energía puede llevar a la procrastinación, ya que luchas por encontrar la fuerza para ponerte en marcha.

- **Anhedonia:** La anhedonia, o incapacidad de sentir placer, es un síntoma frecuente de la depresión. Cuando no puedes encontrar alegría o satisfacción en las actividades, es fácil perder la motivación y caer en la procrastinación.

- **Diálogo interno negativo:** La depresión puede conducir a un patrón de diálogo interno negativo, en el que te dices a ti mismo que eres incapaz, que no vales nada o que estás condenado al fracaso. Este tipo de pensamientos puede ser paralizante y contribuir a la procrastinación.

Estrategias para manejar la procrastinación relacionada con la depresión:

- **Establece objetivos pequeños y manejables:** Cuando estás deprimido, hasta las tareas más pequeñas pueden parecerte abrumadoras. Divide las tareas en pequeños pasos manejables y céntrate en completarlos de a uno a la vez.

- **Enfócate en la rutina:** Establecer una rutina diaria puede proporcionarte estructura y ayudarte a realizar las tareas a pesar de tu escasa motivación. Intenta incorporar actividad física regular, que mejore tu estado de ánimo y tus niveles de energía.

- **Practica la autocompasión:** Sé amable contigo mismo durante los periodos de depresión. Reconoce que está bien tomarse las cosas con calma y que cualquier avance es un progreso, por pequeño que sea.

- **Busca ayuda profesional:** Si la depresión está afectando significativamente tu capacidad para funcionar, considera la posibilidad de buscar ayuda de un profesional de salud mental. La terapia y la medicación pueden ser eficaces para controlar la depresión y mejorar tu capacidad para superar la procrastinación.

Ejemplo: David, un escritor, descubrió que su depresión le dificultaba iniciar y completar sus proyectos de escritura. A menudo se sentía demasiado cansado y sin inspiración para escribir, lo que le llevaba a incumplir plazos y a aumentar su sentimiento de culpa. Para combatirlo, David empezó a fijarse objetivos de escritura diarios muy pequeños, como escribir sólo una frase o un párrafo. También estableció una rutina matutina que incluía ejercicio ligero y un breve paseo al aire libre. Estos pequeños cambios ayudaron a David a reconstruir gradualmente sus hábitos de escritura y a mejorar su estado de ánimo.

Ejercicios:

- **Ejercicio de autocompasión ante la depresión:** Escríbete una carta a ti mismo como si estuvieras hablando con un amigo que lucha contra la depresión y la procrastinación. Ofrécete amabilidad, comprensión y ánimo.

- **Creación de rutinas:** Crea una rutina diaria sencilla que incluya tareas que puedas realizar incluso en los días en que tu depresión esté en su peor momento. Céntrate en la constancia más que en la cantidad de trabajo realizado.

El TDAH y la procrastinación

Comprender la conexión entre el TDAH y la procrastinación:
El Trastorno por Déficit de Atención e Hiperactividad (TDAH) se caracteriza por dificultades de atención, impulsividad e hiperactividad. Estas dificultades pueden llevar a la procrastinación crónica, ya que las personas con TDAH suelen tener dificultades para concentrarse, priorizar tareas y gestionar el tiempo de forma eficaz. Comprender cómo afecta el TDAH a la procrastinación puede ayudarte a desarrollar estrategias para mantenerte enfocado.

Cómo el TDAH alimenta la procrastinación:

- **Dificultad para iniciar tareas:** Las personas con TDAH suelen tener dificultades para iniciar tareas, especialmente las que no son inmediatamente gratificantes o estimulantes. Esto puede llevar a la procrastinación, ya que la tarea se pospone repetidamente.

- **Ceguera temporal:** Quienes padecen TDAH pueden tener dificultades para percibir el tiempo con precisión, lo que les lleva a subestimar el tiempo que les llevarán las tareas y a retrasar su inicio.

- **Impulsividad y distracción:** El TDAH puede hacer que sea difícil resistirse a las distracciones, lo que provoca interrupciones frecuentes y dificultad para enfocarse en una sola tarea.

Estrategias para manejar la procrastinación relacionada con el TDAH:

- **Utiliza una estructura externa:** Crea una estructura externa para apoyar tu productividad. Esto podría incluir el uso de temporizadores, alarmas y planificadores para controlar las tareas y el tiempo que te llevan.

- **Divide las tareas en intervalos cortos:** Trabaja en intervalos cortos y concentrados, con descansos regulares entre ellos. Técnicas como la Técnica Pomodoro pueden ser especialmente eficaces para las personas con TDAH.

- **Prioriza visualmente las tareas:** Utiliza herramientas visuales como calendarios con códigos de colores, notas adhesivas o tableros de tareas para organizar y priorizar tus responsabilidades y tenerlas siempre presentes.

- **Elimina las distracciones:** Crea un espacio de trabajo que minimice las distracciones. Esto puede implicar utilizar auriculares con cancelación de ruido, apagar las notificaciones o trabajar en un ambiente tranquilo.

Ejemplo: Samantha, una diseñadora gráfica con TDAH, a menudo tenía problemas para iniciar sus proyectos a tiempo porque le resultaba difícil focalizarse y establecer prioridades. Para solucionarlo, comenzó a utilizar un tablero visual de tareas en el que podía ver claramente todas sus tareas de la semana. También empezó a trabajar en intervalos de 20 minutos, utilizando un temporizador para mantener el rumbo y tomándose pequeños descansos entre cada uno. Al crear una estructura y utilizar herramientas visuales, Samantha pudo reducir su procrastinación y mejorar su productividad.

Ejercicios:

- **Ejercicio de priorización de tareas:** Crea un tablero visual de tareas semanal utilizando notas adhesivas o una herramienta digital. Prioriza las tareas asignándoles códigos de colores según su urgencia e importancia.

- **Práctica de intervalos concentrados:** Elige una tarea que hayas estado posponiendo y trabaja en ella durante sólo 15-20 minutos. Utiliza un temporizador para llevar la cuenta y tómate un breve descanso al terminar cada intervalo. Aumenta gradualmente la duración de tus intervalos de trabajo a medida que te sientas más cómodo.

Buscar ayuda profesional

Cuándo buscar ayuda profesional: Aunque muchas estrategias pueden ayudarte a gestionar la procrastinación, hay ocasiones en las que buscar ayuda profesional es la mejor forma de actuar. Si la procrastinación afecta significativamente tu capacidad para desenvolverte en la vida cotidiana, o si está estrechamente relacionada con problemas de salud mental como la ansiedad, la depresión o el TDAH, la ayuda profesional puede proporcionarte la orientación y el tratamiento que necesitas.

Tipos de ayuda profesional:

- **Terapeutas y consejeros:** Los terapeutas, sobre todo los formados en terapia cognitivo-conductual (TCC), pueden ayudarte a identificar y modificar los patrones de pensamiento negativos que contribuyen a la procrastinación. También pueden proporcionarte estrategias de afrontamiento para controlar las enfermedades mentales.

- **Psiquiatras:** Si la procrastinación está relacionada con trastornos como la depresión o el TDAH, un psiquiatra puede evaluar tus síntomas y, si procede, recetarte medicación para ayudar a controlar estos trastornos.

- **Coaches:** Los coaches de productividad o de vida se especializan en ayudar a las personas a desarrollar habilidades de gestión del tiempo, fijar objetivos y superar la procrastinación. Aunque no brindan tratamiento de salud mental, pueden ofrecer estrategias prácticas y responsabilidad.

- **Grupos de apoyo:** Unirte a un grupo de apoyo puede proporcionarte un sentimiento de comunidad y experiencia compartida. Los grupos de apoyo pueden ser especialmente útiles para las personas que padecen TDAH, ansiedad o depresión, ya que ofrecen apoyo y comprensión mutuos.

Encontrar al profesional adecuado:

- **Investiga:** Busca profesionales especializados en las áreas en las que necesitas ayuda, como un terapeuta con experiencia en el tratamiento de la ansiedad o un coach enfocado en la productividad.

- **Consultas iniciales:** Muchos profesionales ofrecen consultas iniciales. Utilízalas para determinar si se ajustan a tus necesidades y si te sentirías cómodo trabajando con ellos.

- **Considera tus necesidades:** Ten claro lo que esperas lograr al buscar ayuda profesional. Tanto si buscas terapia como apoyo a tu salud mental o coaching para mejorar tu productividad, conocer tus objetivos te ayudará a encontrar al profesional adecuado.

Ejemplo: Mike, un ingeniero informático, luchaba contra una procrastinación crónica exacerbada por su TDAH. Tras años intentando controlarlo por su cuenta, decidió pedir ayuda a un terapeuta especializado en TDAH y gestión del tiempo. A través de la terapia, Mike aprendió estrategias para gestionar su tiempo de forma más eficaz y recibió apoyo para abordar los problemas subyacentes que contribuían a su procrastinación. Esta orientación profesional repercutió significativamente en la capacidad de Mike para mantener el rumbo y alcanzar sus objetivos.

Ejercicios:

- **Ejercicio de investigación:** Dedica algún tiempo a investigar sobre terapeutas, coaches o grupos de apoyo locales o en línea especializados en procrastinación, ansiedad, depresión o TDAH. Haz una lista de posibles profesionales con los que contactar para una consulta inicial.

- **Reflexión sobre la ayuda profesional:** Reflexiona sobre cómo afecta la procrastinación a tu vida y si la ayuda profesional podría ser beneficiosa. Anota cualquier preocupación u objetivo que quieras comentar con un profesional.

Conclusión

La procrastinación suele ser algo más que un problema de gestión del tiempo: está estrechamente relacionada con la salud mental. Ya sea a causa de la ansiedad, depresión o TDAH, comprender cómo contribuyen estos trastornos a la procrastinación puede ayudarte a desarrollar estrategias más eficaces para gestionarla. Recuerda que está bien buscar ayuda cuando sea necesario. El apoyo profesional puede brindarte las herramientas y la orientación necesarias para superar la procrastinación y mejorar tu bienestar general. Al abordar los aspectos de salud mental de la procrastinación, puedes liberarte del ciclo y empezar a avanzar hacia tus objetivos con mayor confianza y claridad. En el próximo capítulo, exploraremos cómo afecta la procrastinación a las relaciones y cómo puedes trabajar con la ayuda de otros para superarla.

Procrastinación y relaciones

La procrastinación no sólo afecta a tu productividad y a tus objetivos personales; también puede tener un impacto significativo en tus relaciones. Ya sea con tu pareja, familiares, amigos o compañeros de trabajo, la procrastinación puede tensar los vínculos, generar malentendidos y provocar resentimiento. En este capítulo, exploraremos cómo influye la procrastinación en los distintos tipos de relaciones y te ofreceremos estrategias para gestionar la procrastinación para reforzar estos vínculos en lugar de debilitarlos. Aprenderás a comunicarte de forma efectiva sobre la procrastinación, a apoyar a un ser querido que esté luchando contra ella y a colaborar con otros para superarla juntos.

El impacto de la procrastinación en las relaciones

Comprendiendo las consecuencias relacionales de la procrastinación: La procrastinación puede tener efectos profundos en tus relaciones. Cuando retrasas tareas o no cumples con tus compromisos, esto puede provocar frustración, decepciones y conflictos con quienes te rodean. Con el tiempo, estos problemas pueden erosionar la confianza y crear una distancia emocional entre tú y tus seres queridos o colegas.

Cómo afecta la procrastinación a los distintos tipos de relaciones:

- **Relaciones románticas:** En las relaciones de pareja, la procrastinación puede crear tensiones, sobre todo si uno de los miembros de la pareja siente que el otro no contribuye por igual a las responsabilidades compartidas. Esto puede provocar discusiones, resentimiento y una sensación de desequilibrio en la relación.

- **Dinámica familiar:** Dentro de las familias, la procrastinación puede alterar las rutinas domésticas, acumular tareas pendientes y causar estrés entre los miembros de la familia. Los padres que procrastinan pueden tener dificultades para dar un buen ejemplo a sus hijos, mientras que los hijos que postergan sus tareas escolares o responsabilidades pueden enfrentarse a conflictos con sus padres.

- **Las amistades:** La procrastinación puede tensar las amistades si conduce a planes cancelados, promesas incumplidas o falta de fiabilidad. Los amigos pueden sentirse descuidados o menospreciados si la procrastinación interrumpe repetidamente sus interacciones.

- **Relaciones profesionales:** En el trabajo, la procrastinación puede dañar las relaciones profesionales, sobre todo si resulta en incumplimientos de plazos, proyectos incompletos o trabajo adicional para tus compañeros. Esto puede afectar tu reputación y provocar tensiones con tu equipo o supervisor.

Impactos emocionales y psicológicos: La procrastinación también puede afectar emocionalmente en las relaciones. Puede provocar sentimientos de culpa, vergüenza e inadecuación, que pueden conducir al retraimiento o a una actitud defensiva. La persona que procrastina puede sentirse abrumada o ansiosa, mientras que la persona afectada por la procrastinación puede sentirse frustrada, herida o menospreciada.

Estrategias para minimizar el impacto de la procrastinación en las relaciones:

- **Comunicación abierta:** Habla con sinceridad sobre tus luchas con la procrastinación con tu pareja, familiares o amigos. Explícales cómo te afecta y pídeles comprensión y apoyo. Esto puede ayudar a evitar malentendidos y a fomentar la empatía.

- **Establece objetivos compartidos:** En las relaciones en las que las tareas son compartidas, se deberán establecer objetivos claros y acordados mutuamente. Desglosen las responsabilidades y acuerden juntos los plazos para asegurarse de que ambas partes estén de acuerdo.

- **Practica la responsabilidad:** Ambos deberán mantenerse responsables mutuamente de una manera solidaria. Esto podría implicar controles regulares, calendarios compartidos o recordatorios periódicos para mantener el rumbo.

- **Discúlpate y comprométete:** Si tu procrastinación ha afectado negativamente a tu relación, reconócelo, discúlpate y explica cómo piensas abordar el problema en el futuro. Esto demuestra que valoras la relación y que te comprometes a mejorar.

Ejemplo: Sarah y John, un matrimonio, se dieron cuenta de que la procrastinación de Sarah en las tareas domésticas estaba provocando tensiones en su relación. John sentía que él asumía más responsabilidades, lo que le producía frustración. Tras hablar del tema, acordaron fijar días concretos para determinadas tareas y crearon un calendario compartido para llevar el control. Comunicándose abiertamente y fijando expectativas claras, pudieron reducir el estrés causado por la procrastinación y mejorar su relación.

Ejercicios:

- **Reflexión sobre relaciones:** Reflexiona sobre una relación de tu vida que se haya visto afectada por la procrastinación. Escribe cómo ha afectado la procrastinación a esta relación y qué cambios podrías hacer para mejorar la situación.

- **Fijación de objetivos compartidos:** Elige una responsabilidad compartida con un compañero, familiar o amigo, y fija un objetivo claro y acordado mutuamente. Desglosen las tareas necesarias y acuerden un calendario.

Superando juntos la procrastinación

El poder de la colaboración: Trabajar juntos para superar la procrastinación puede fortalecer tus relaciones y hacer que el proceso de completar tus tareas sea más agradable. Ya sea con tu pareja, un amigo o un colega, colaborar en las tareas puede proporcionar motivación, responsabilidad y apoyo, facilitando la consecución de tus objetivos.

Estrategias de colaboración para superar la procrastinación:

- **Sesiones conjuntas de planificación:** Siéntense a planificar y priorizar tareas juntos. Esto ayuda a garantizar que ambas partes están de acuerdo en lo que hay que hacer y cuándo. Por ejemplo, una pareja podría planificar su semana juntos, decidiendo qué días se ocupará cada uno de las tareas domésticas, la compra y otras responsabilidades compartidas.

- **Divide y vencerás:** Dividan las tareas en función de los puntos fuertes y las preferencias de cada uno. Esto permite que cada persona se enfoque en lo que le hace bien o con lo que disfruta, haciendo que la tarea sea menos desalentadora y más manejable.

- **Responsabilidad mutua:** Organicen reuniones periódicas para hablar de los progresos y ofrecer apoyo. Puede ser una reunión semanal en la que revisen lo que han logrado y lo que aún queda por hacer.

- **Celebren juntos los éxitos:** Cuando alcancen un objetivo o completen una tarea, tómense el tiempo para celebrarlo juntos. Esto refuerza el comportamiento positivo y hace que el proceso de superar la procrastinación sea más gratificante.

Ejemplo: Lisa y María, compañeras de piso y amigas íntimas, se esfuerzan por mantener limpio su apartamento. A menudo posponían las tareas de limpieza, lo que creaba un ambiente desordenado y estresante. Para solucionarlo, decidieron establecer un programa de limpieza semanal y abordar las tareas juntas. Al repartirse las tareas y responsabilizarse mutuamente, pudieron mantener la casa más limpia y disfrutar más del proceso al trabajar juntas.

Ejercicios:

- **Sesión de planificación colaborativa:** Elige un proyecto o conjunto de tareas que compartas con alguien más y planifiquen juntos. Discutan qué hay que hacer, quién hará qué y cuándo se completará cada tarea.

- **Revisión de responsabilidades:** Establece una cita periódica con tu pareja, amigo o colega para revisar los progresos en las tareas compartidas. Utilicen este tiempo para ofrecerse apoyo, abordar los desafíos y celebrar los logros.

Apoyar a nuestra pareja que procrastina

Comprendiendo los desafíos: Si tu pareja lucha contra la procrastinación, saber cómo apoyarla puede ser un desafío sin que parezca que la estás regañando o criticando. Es importante abordar la situación con empatía y comprensión, reconociendo que la procrastinación suele ser un problema complejo del que tu pareja puede sentirse avergonzada o frustrada.

Estrategias de apoyo a la pareja:

- **Fomenta la comunicación abierta:** Crea un espacio seguro para que tu pareja hable de sus problemas con la procrastinación. Escúchala sin juzgar y ofrécele tu apoyo para encontrar soluciones juntos.

- **Sé paciente y compasivo:** Comprende que el cambio lleva un tiempo y que tu pareja puede tener contratiempos en el camino. Muéstrale paciencia y evita presionarle para que cambie de la noche a la mañana.

- **Ofrece ayuda práctica:** Ayuda a tu pareja a dividir las tareas en pasos más pequeños, a fijarse objetivos realistas y a crear un plan de acción. Ofrécete a ayudarle con las tareas o a trabajar a su lado para que el proceso sea menos abrumador.

- **Evita habilitarlo:** Si bien es importante que apoyes a tu pareja, ten cuidado de no habilitar que tu pareja posponga las cosas. Anímale a responsabilizarse de sus tareas, ofreciéndole ayuda y apoyo.

Ejemplo: Tom se dio cuenta de que su compañera, Emily, a menudo posponía tareas importantes, lo que le provocaba estrés y pánico de última hora. En lugar de frustrarse, Tom apoyó a Emily ayudándola a organizar una sesión semanal de planificación. Juntos, dividieron sus tareas en pasos más pequeños y manejables, y establecieron un calendario compartido. Tom también se ofreció a ayudarla con tareas que resultaban especialmente abrumadoras para Emily, como organizar el papeleo. Este apoyo ayudó a Emily a sentirse más segura y menos ansiosa ante sus responsabilidades.

Ejercicios:

- **Reflexión sobre el apoyo:** Reflexiona sobre cómo puedes apoyar mejor a tu pareja que procrastina. Piensa en sus desafíos particulares y en cómo puedes ofrecerle ayuda práctica sin permitir que deje las cosas para más tarde.

- **Ejercicio de empatía:** Practica la escucha activa con tu pareja la próxima vez que hable de sus luchas con la procrastinación. Concéntrate en comprender su perspectiva y ofrécele apoyo compasivo.

Estudios de casos y ejemplos

Estudio de caso 1: Una familia supera la procrastinación juntos. La familia Smith tenía dificultades para mantener su hogar porque tanto los padres como los hijos tendían a posponer las tareas y responsabilidades. Los padres, se dieron cuenta de que sus hijos solían apresurarse a hacer los deberes a último momento, mientras que ellos aplazaban tareas como el pago de las facturas y el mantenimiento de la casa. Al darse cuenta de la necesidad de un cambio, la familia se reunió para hablar de cómo la procrastinación estaba afectando sus vidas. Decidieron organizar una sesión semanal de planificación familiar en la que asignarían tareas, fijarían plazos y comprobarían los progresos de cada uno. Con el tiempo, la familia notó una mejora significativa en la gestión de sus responsabilidades, y el nivel general de estrés en el hogar disminuyó.

Estudio de caso 2: Superando la procrastinación en una asociación empresarial. Rachel y Ben, cofundadores de una pequeña empresa de marketing, descubrieron que la procrastinación obstaculizaba el crecimiento de su negocio. Ambos socios eran creativos, pero a menudo tenían problemas con las tareas administrativas y la planificación a largo plazo. Esto resultaba en oportunidades perdidas y falta de dirección. Para solucionar el problema, Rachel y Ben contrataron a un coach empresarial para que les ayudara a desarrollar mejores habilidades de gestión del tiempo y a establecer objetivos empresariales claros. También establecieron una reunión semanal para revisar los progresos y responsabilizarse mutuamente. Con estos cambios, superaron la procrastinación, agilizaron su flujo de trabajo e hicieron crecer su negocio con más eficacia.

Estudio de caso 3: Unas amigas se ayudan mutuamente a vencer la procrastinación. Mia y Jessica, amigas desde hace mucho tiempo, luchaban contra la procrastinación en sus vidas personales y profesionales. Decidieron apoyarse mutuamente convirtiéndose en compañeras de responsabilidad. Establecieron chequeos semanales donde compartirían sus metas, discutirían sus desafíos y celebrarían sus éxitos. Mia y Jessica también hicieron un pacto para llamarse la atención mutuamente cuando se dieran cuenta de que la otra dejaba las cosas para más tarde. Este sistema de apoyo mutuo las ayudó a seguir por el buen camino, y ambas amigas experimentaron mejoras significativas en su productividad y en la consecución de sus objetivos.

Ejercicios:

- **Ejercicio de reunión familiar:** Si la procrastinación afecta a tu familia, considera la posibilidad de celebrar una reunión familiar para tratar el tema. Trabajen juntos para desarrollar un plan para superar la procrastinación, asignar tareas y responsabilizarse mutuamente.

- **Busca a un compañero de responsabilidad:** Identifica a un amigo o compañero que luche contra la procrastinación y proponle ser compañeros de responsabilidad. Establezcan reuniones periódicas para ayudarse mutuamente a mantener el rumbo.

Conclusión

La procrastinación puede poner a prueba las relaciones, pero también puede ser una oportunidad de crecimiento y colaboración. Al comprender cómo afecta la procrastinación en tus relaciones y aprender a comunicarte y colaborar con los demás de manera efectiva, puedes transformar la procrastinación de una fuente de tensión en un catalizador para relaciones más fuertes y resilientes. Tanto si trabajas con tu pareja, como si apoyas a un ser querido o colaboras con un amigo, las estrategias comentadas en este capítulo pueden ayudarlos a superar juntos la procrastinación y a cultivar relaciones más profundas y satisfactorias.
En el próximo capítulo, exploraremos las influencias culturales y sociales en la procrastinación, ofreciendo perspectivas sobre cómo las tendencias sociales más amplias conforman nuestras actitudes y comportamientos en torno a la procrastinación.

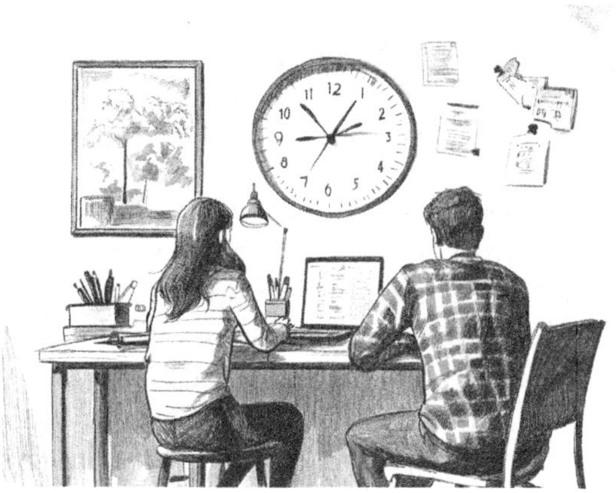

Influencias culturales y sociales en la procrastinación

La procrastinación no es sólo una cuestión personal; está profundamente influenciada por la cultura y la sociedad en que vivimos. Nuestras actitudes hacia el tiempo, el trabajo y la productividad están determinadas por normas culturales, expectativas sociales y contextos históricos. En este capítulo exploraremos cómo las influencias culturales y sociales contribuyen a la procrastinación. Analizaremos cómo ven las distintas culturas la gestión del tiempo, el impacto de la presión social para ser constantemente productivos y cómo estos factores conforman nuestros hábitos de procrastinación. Entender estas influencias más amplias puede ayudarte a comprender mejor tus patrones de procrastinación y a desarrollar estrategias acordes con tus valores y tu contexto cultural.

Actitudes culturales hacia la procrastinación

El rol de las normas culturales: Las normas culturales influyen significativamente en cómo percibimos el tiempo, la productividad y la procrastinación. En algunas culturas se hace mucho hincapié en la puntualidad, la eficacia y el valor del trabajo duro, mientras que en otras es habitual un enfoque más relajado del tiempo y los plazos. Estas actitudes culturales pueden configurar la forma en que los individuos de esas sociedades abordan las tareas y gestionan su tiempo.

Perspectivas occidentales vs. no occidentales:

- **Culturas occidentales:** Muchas sociedades occidentales, sobre todo en los Estados Unidos y el norte de Europa, se centran en el individualismo, los logros y la productividad. La "ética protestante del trabajo" hace hincapié en el trabajo duro, la disciplina y el valor moral de ser productivo. En estas culturas, la procrastinación suele considerarse negativamente, como un signo de pereza o falta de autocontrol.

- **Culturas no occidentales:** En cambio, algunas culturas no occidentales pueden tener un enfoque más flexible del tiempo. Por ejemplo, muchas culturas latinoamericanas y mediterráneas tienen un concepto de "tiempo policrónico", en el que son habituales las multitareas y un enfoque más fluido de los plazos. En estas culturas, el tiempo suele considerarse un concepto más elástico, y las relaciones sociales pueden primar sobre el cumplimiento estricto de los horarios.

Valores culturales y procrastinación: Los valores culturales que dan más importancia al bienestar colectivo que a los logros individuales también pueden influir en la procrastinación. En las culturas colectivistas, en las que se da prioridad a la comunidad y la familia, los individuos pueden procrastinar las tareas personales en favor de ayudar a los demás o cumplir las responsabilidades comunitarias.

Impacto de la globalización: La globalización ha llevado a la fusión de actitudes culturales frente al tiempo y la productividad. A medida que personas de distintos orígenes culturales interactúan y trabajan juntas, pueden experimentar conflictos o desafíos relacionados con sus distintas perspectivas sobre la procrastinación y la gestión del tiempo. Este intercambio cultural también puede llevar a adoptar nuevas prácticas y actitudes hacia la procrastinación.

Ejemplo: La procrastinación suele estar estigmatizada en Japón, una cultura conocida por su rigurosa ética del trabajo y sus largas jornadas laborales. Sin embargo, la intensa presión para rendir constantemente también puede provocar agotamiento laboral y estrés crónico, lo que paradójicamente puede dar lugar a la procrastinación, ya que los individuos se sienten abrumados. Por el contrario, en Italia se celebra el concepto del "dolce far niente" (la dulzura de no hacer nada), y a menudo se adopta un enfoque más relajado del trabajo y la gestión del tiempo. Comprender estas diferencias culturales puede ayudar a los individuos a navegar por sus propias actitudes hacia la procrastinación.

Ejercicios:

- **Reflexión cultural:** Reflexiona sobre tu propio bagaje cultural y cómo influye en tus puntos de vista sobre la gestión del tiempo, la productividad y la procrastinación. Anota los valores culturales que conforman tu enfoque del trabajo y las tareas.

- **Exploración intercultural:** Investiga cómo se ve la procrastinación en una cultura diferente a la tuya. Compara y contrasta estas actitudes con tus experiencias, y considera cómo las influencias culturales pueden afectar tus hábitos de procrastinación.

Expectativas sociales y productividad

La presión de ser constantemente productivo: En muchas sociedades modernas existe una inmensa presión para ser constantemente productivo. El auge de la "cultura de la productividad" glorifica el exceso de trabajo, promoviendo la idea de que el éxito se consigue mediante un esfuerzo incesante, largas horas de trabajo y un afán constante por hacer más. Esta expectativa social puede contribuir a la procrastinación, ya que las personas se sienten abrumadas por las exigencias poco realistas que se les imponen.

El mito de la multitarea: La sociedad suele promover la idea de que la multitarea es sinónimo de eficiencia y productividad. Sin embargo, las investigaciones demuestran que la multitarea puede provocar en realidad una disminución de la productividad y un aumento del estrés. La presión de tener que hacer malabarismos con varias tareas a la vez puede dar lugar a la procrastinación, dificultando la concentración y la realización eficaz de cualquier tarea.

La tecnología y la cultura del trabajo 24/7: La proliferación de la tecnología ha difuminado los límites entre el trabajo y la vida personal. Con la posibilidad de trabajar desde cualquier lugar y en cualquier momento, muchas personas se sienten obligadas a estar "siempre conectadas", respondiendo a correos electrónicos, asistiendo a reuniones virtuales y completando tareas fuera del horario laboral tradicional. Esta cultura del trabajo 24 horas al día, 7 días a la semana, puede llevar al agotamiento y a la procrastinación, ya que las personas luchan por mantener un equilibrio saludable entre la vida laboral y personal.

El impacto de las redes sociales: Las redes sociales desempeñan un papel importante en la configuración de las expectativas sociales en torno a la productividad. Plataformas como Instagram, LinkedIn y Twitter suelen destacar a personas que parecen ser constantemente productivas, tener éxito y alcanzar sus objetivos. Esto puede crear una sensación de inadecuación y presión para mantener el ritmo, lo que conduce a la procrastinación, ya que las personas se sienten abrumadas por la necesidad de cumplir estos estándares percibidos.

Resistiendo a la presión social:

- **Establece expectativas realistas:** Desafía la expectativa social de que siempre debes ser productivo. Establece objetivos realistas y reconoce que el descanso y el tiempo de inactividad son esenciales para el éxito a largo plazo.

- **Prioriza la calidad sobre la cantidad:** Céntrate en la calidad de tu trabajo más que en la cantidad. Completar bien unas pocas tareas es más valioso que intentar hacer demasiadas cosas simultáneamente y acabar con resultados mediocres.

- **Establece límites:** Crea límites claros entre el trabajo y tu vida personal. Establece horarios específicos para trabajar y descansar, y resiste la presión de estar disponible 24 horas al día, 7 días a la semana.

- **Cultiva la autocompasión:** Practica la autocompasión reconociendo que está bien tomarse descansos, cometer errores y no ser siempre productivo. Reconoce que la perfección es inalcanzable, y que cuidar de tu bienestar mental y físico es importante.

Ejemplo: Mark, un joven profesional, sentía una inmensa presión por seguir el ritmo de sus compañeros, que publicaban constantemente sus logros y productividad en las redes sociales. Esta presión le llevó a comprometerse en exceso con el trabajo y los proyectos personales, lo que acabó provocándole agotamiento y procrastinación. Para solucionarlo, Mark empezó a fijarse objetivos más realistas, a limitar el uso de las redes sociales y a establecer límites claros entre el trabajo y el tiempo personal. Estos cambios le ayudaron a recuperar el control sobre su agenda y a reducir la procrastinación.

Ejercicios:

- **Auditoría de expectativas:** Reflexiona sobre las expectativas sociales que influyen en tu enfoque de la productividad. Considera cómo estas expectativas pueden contribuir a la procrastinación y qué cambios puedes realizar para alinear tus objetivos con tus valores.

- **Ejercicio de establecimiento de límites:** Identifica un área de tu vida en la que necesites establecer límites más firmes (por ejemplo, horas de trabajo, uso de las redes sociales). Establece límites claros y comprométete a mantenerlos durante una semana. Reflexiona sobre cómo afecta esto a tu productividad y bienestar.

Entrevistas con expertos

Perspectivas de expertos sobre la procrastinación y la cultura: Para comprender mejor cómo influyen la cultura y la sociedad en la procrastinación, hablamos con varios expertos en los campos de la psicología, la sociología y la productividad. Sus aportes ofrecen valiosas perspectivas sobre cómo manejar las presiones culturales y sociales que contribuyen a la procrastinación.

Entrevista 1: Dra. Elena Martínez, Psicóloga Cultural. La Dra. Martínez explica cómo las actitudes culturales hacia el tiempo y la productividad varían según las sociedades. "En algunas culturas se hace mucho énfasis en la eficacia y la puntualidad, mientras que en otras, el tiempo se percibe con más fluidez. Estas diferencias culturales pueden influir significativamente en la forma en que las personas abordan las tareas y gestionan la procrastinación", señala. La Dra. Martínez también subraya la importancia de comprender y respetar las normas culturales cuando se trabaja en entornos multiculturales.

Entrevista 2: Profesor James O'Connor, Sociólogo. El profesor O'Connor habla acerca del papel de las expectativas sociales en la formación de nuestros hábitos laborales. "El auge de la cultura de la productividad ha creado un entorno en el que la gente se siente constantemente presionada para rendir y lograr resultados. Esto puede llevar al agotamiento y a la procrastinación, ya que las personas luchan por seguir el ritmo de estas exigencias", señala. El profesor O'Connor aboga por un enfoque más equilibrado del trabajo, en el que el descanso y el tiempo de inactividad se valoren tanto como la productividad.

Entrevista 3: Lisa Chang, Asesora de Productividad. Lisa Chang, ofrece consejos prácticos para superar la procrastinación frente a la presión social. "Es importante establecer límites y centrarse en lo que realmente te importa, en lugar de intentar cumplir las expectativas de los demás. Alineando tus objetivos con tus valores y siendo consciente de la influencia de las redes sociales, puedes reducir la procrastinación y lograr un éxito más significativo", aconseja.

Puntos clave:

- **Conciencia cultural:** Sé consciente de cómo las actitudes culturales hacia el tiempo y la productividad influyen en tus hábitos de trabajo y en tus interacciones con los demás.

- **Desafía las normas sociales:** No tengas miedo de desafiar las expectativas sociales que no se alinean con tus valores o tu bienestar.

- **Céntrate en la realización personal:** Da prioridad a los objetivos y tareas que te aporten satisfacción y realización personal, en lugar de intentar cumplir normas externas.

Ejercicios:

- **Reflexión sobre las perspectivas de los expertos:** Reflexiona sobre las ideas compartidas por los expertos en esta sección. Considera cómo se aplican sus perspectivas a tus experiencias con la procrastinación y qué cambios podrías realizar basándote en sus consejos.

- **Diario de conciencia cultural:** Lleva un diario en el que anotes tus observaciones sobre cómo tu bagaje cultural y las influencias sociales influyen en tu enfoque de la productividad y la procrastinación. Utiliza este diario para identificar las áreas en las que puedes realizar ajustes para alinearte mejor con tus valores.

Conclusión

Las influencias culturales y sociales desempeñan un papel importante en la formación de nuestras actitudes hacia la procrastinación. Al comprender el impacto de las normas culturales, las expectativas sociales y las tendencias mundiales, podrás conocer mejor tus hábitos de procrastinación y desarrollar estrategias acordes con tus valores y objetivos. Es importante reconocer que la productividad y la gestión del tiempo no son conceptos universales, sino que están influidos por el contexto en el que vivimos y trabajamos. Al ser más consciente de estas influencias y tomar decisiones más reflexivas sobre cómo abordar las tareas, podrás reducir la procrastinación y llevar una vida más equilibrada y satisfactoria. En el próximo capítulo, exploraremos el papel del entorno en la procrastinación, analizando cómo tu entorno físico y social puede apoyar o dificultar tus esfuerzos por mantenerte en el buen camino.

El papel del entorno en la procrastinación

Tu entorno desempeña un papel crucial en tu capacidad para mantenerte concentrado y productivo. Ya sea tu entorno físico, las personas con las que te relacionas o las herramientas y recursos que tienes a tu disposición, tu entorno puede apoyar u obstaculizar tus esfuerzos por superar la procrastinación. En este capítulo, exploraremos cómo influyen los distintos aspectos de tu entorno en la procrastinación y te proporcionaremos estrategias prácticas para crear un espacio que fomente la productividad y minimice las distracciones. Al realizar cambios intencionales en tu entorno, puedes crear un ambiente que te impulse a la acción y te ayude a alcanzar tus objetivos.

El entorno físico y la procrastinación

El impacto del desorden: Un espacio de trabajo desordenado puede conducir a una mente desordenada, lo que dificulta la concentración y la puesta en marcha de las tareas. El desorden físico crea un ruido visual que puede distraer, abrumar e incluso provocar ansiedad. También puede hacer que pierdas el tiempo buscando objetos o documentos que están enterrados bajo una pila de desorden.

Crear un espacio de trabajo productivo:

- **Despeja tu espacio con regularidad:** Acostúmbrate a despejar tu espacio de trabajo con regularidad. Elimina los objetos innecesarios, organiza tus documentos y mantén limpio tu escritorio. Esto no sólo mejorará tu enfoque, sino que también creará un espacio más acogedor para trabajar.

- **Organiza tus herramientas y recursos:** Asegúrate de que las herramientas y recursos que necesitas estén fácilmente accesibles. Utiliza organizadores, estanterías y soluciones de almacenamiento para mantener todo en su sitio, reduciendo el tiempo y el esfuerzo necesarios para encontrar lo que necesitas.

- **Personaliza tu espacio:** Aunque un espacio de trabajo limpio y organizado es importante, añadir toques personales puede hacer que el espacio sea más cómodo y motivador. Coloca objetos inspiradores, como fotos, obras de arte o citas motivadoras, pero evita sobrecargar el espacio con demasiadas distracciones.

- **Optimiza la iluminación y la ergonomía:** Una buena iluminación y un mobiliario ergonómico pueden mejorar significativamente tu productividad. Asegúrate de que tu espacio de trabajo esté bien iluminado, preferiblemente con luz natural, y de que tu silla, tu escritorio y la configuración de tu computadora favorezcan una buena postura y comodidad.

Ejemplo: Tom, un diseñador gráfico freelance, se dio cuenta de que el desorden de su despacho le dificultaba concentrarse en sus proyectos. A menudo dejaba sus tareas para más tarde porque el desorden de su espacio de trabajo era abrumador. Para solucionarlo, Tom pasó un fin de semana despejando su despacho, organizando sus herramientas y colocando un escritorio y una silla más ergonómicos. También añadió algunos toques personales, como una foto enmarcada de su familia y una planta, para que el espacio le resultara más acogedor. Los cambios mejoraron notablemente su capacidad de concentración y redujeron su tendencia a posponer las cosas.

Ejercicios:

- **Despeja tu espacio de trabajo:** Dedica 30 minutos a ordenar tu espacio de trabajo. Retira los objetos que no necesites o que te distraigan, y organiza tus herramientas y recursos. Reflexiona sobre cómo afecta este cambio a tu capacidad para concentrarte y comenzar tus tareas.

- **Ejercicio de personalización:** Añade uno o dos objetos personales a tu espacio de trabajo que te inspiren o motiven. Podrían ser fotos, obras de arte o una cita motivadora. Observa cómo influyen estos objetos en tu estado de ánimo y en tu productividad.

El entorno social y la procrastinación

La influencia de las interacciones sociales: Las personas de las que te rodeas pueden tener un impacto significativo en tu productividad y en tu tendencia a procrastinar. Las interacciones sociales pueden motivarte o distraerte, dependiendo de la naturaleza de las relaciones y del contexto en el que se produzcan. Comprender cómo influye tu entorno social en tu comportamiento puede ayudarte a tomar decisiones más intencionadas sobre con quién y con qué te relacionas mientras trabajas.

Influencias sociales positivas:

- **Compañeros de responsabilidad:** Tener un compañero responsable puede ayudarte a mantenerte en el buen camino y a reducir la procrastinación. Puede ser un colega, un amigo o un familiar que controle tus progresos y te ofrezca apoyo y ánimo.

- **Compañeros solidarios:** Trabajar con compañeros que te apoyen, con los que compartan objetivos similares, puede crear un entorno de trabajo positivo y motivador. La colaboración y la responsabilidad compartida pueden ayudarte a rendir cuentas y reducir la tentación de procrastinar.

- **Mentores y modelos a seguir:** Rodearte de mentores y modelos a seguir que demuestren buenos hábitos de trabajo y productividad puede inspirarte a adoptar comportamientos similares. Observar cómo gestionan los demás su tiempo y sus tareas puede proporcionarte ideas y estrategias valiosas para superar la procrastinación.

Influencias sociales negativas:

- **Compañeros distractores:** Aunque socializar en el trabajo puede ser agradable, también puede ser una fuente de distracción. Los compañeros que te interrumpen frecuentemente con conversaciones no relacionadas con el trabajo o que se involucran en chismes pueden obstaculizar tu productividad.

- **Presión de grupo:** En algunos casos, la presión de los compañeros puede llevar a la procrastinación, especialmente si tus compañeros fomentan comportamientos como las pausas excesivas, la procrastinación y la realización de tareas a medias. Es importante reconocer cuándo la influencia de tus compañeros es perjudicial para tus objetivos.

- **Supervisores autoritarios:** La microgestión o la supervisión constante por parte de un jefe o gerente puede crear estrés y ansiedad, lo que puede llevar a la procrastinación como forma de hacer frente a la presión. Encontrar formas de comunicar tus necesidades y establecer límites puede ayudarte a mitigar este problema.

Estrategias para manejar las influencias sociales:

- **Establece límites:** Comunica claramente a tus compañeros, amigos y familiares tu necesidad de concentrarte en el trabajo. Establece límites en torno a las interacciones sociales durante las horas de trabajo para minimizar las distracciones.

- **Busca influencias positivas:** Busca activamente relaciones y entornos que respalden tu productividad. Esto podría implicar unirte a un grupo profesional, encontrar un compañero de estudio o de trabajo, o participar en comunidades en línea centradas en tus objetivos.

- **Limita las influencias negativas:** Si determinadas interacciones sociales te llevan constantemente a procrastinar, considera la posibilidad de limitar tu exposición a ellas. Esto podría implicar reducir el tiempo que pasas con determinados compañeros de trabajo o encontrar un espacio más tranquilo para trabajar.

Ejemplo: Anna, gerente de una empresa, se dio cuenta de que sus compañeros interrumpían a menudo su trabajo con conversaciones informales, lo que la llevaba a procrastinar con frecuencia. Para solucionarlo, empezó a reservar momentos específicos para socializar, como las pausas para comer, y comunicó a sus compañeros que necesitaba tiempo para concentrarse durante las horas de trabajo. También buscó a una compañera conocida por su productividad y le preguntó si podían trabajar juntas en determinados proyectos. Este cambio ayudó a Anna a seguir por el buen camino y a reducir su procrastinación.

Ejercicios:

- **Reflexión sobre la influencia social:** Piensa en las personas de tu entorno de trabajo o estudio que influyen en tu productividad. Identifica una influencia positiva y otra negativa y considera cómo podrías potenciar la influencia positiva y minimizar la negativa.

- **Ejercicio del compañero de responsabilidad:** Si aún no tienes uno, busca un compañero de responsabilidad para un objetivo o tarea concretos. Establezcan reuniones periódicas para evaluar sus progresos y ofrecerse apoyo mutuo.

El entorno digital y la procrastinación

El papel de la tecnología en la procrastinación: En la era digital actual, la tecnología desempeña un papel importante tanto para permitir como para combatir la procrastinación. Si bien las herramientas y los recursos digitales pueden aumentar la productividad, también pueden ser importantes fuentes de distracción. Entender cómo gestionar tu entorno digital es crucial para mantener la concentración y minimizar la procrastinación.

Distracciones digitales habituales:

- **Redes Sociales:** Plataformas como Facebook, Instagram, Twitter y TikTok están diseñadas para captar y mantener tu atención. El flujo constante de notificaciones, actualizaciones y contenidos puede llevarte a procrastinar durante horas.

- **Sobrecarga de correo electrónico:** Revisar y responder constantemente a los correos electrónicos puede alterar tu flujo de trabajo y hacer que pospongas tareas más importantes.

- **Compras y navegación en línea:** La facilidad de acceso a las compras y la navegación por Internet puede ser una distracción importante, sobre todo cuando intentas evitar empezar una tarea difícil.

- **Servicios de streaming:** Con infinitas opciones de películas, programas de TV y videos, los servicios de streaming pueden ser una gran pérdida de tiempo que te impide concentrarte en tu trabajo.

Estrategias para gestionar tu entorno digital:

- **Utiliza bloqueadores de sitios web:** Herramientas como StayFocusd, Freedom o Cold Turkey pueden bloquear el acceso a sitios web que te distraigan durante las horas de trabajo. Configúralas para limitar tu uso de las redes sociales, los sitios de streaming y otras distracciones.

- **Programa las revisiones del correo electrónico:** En lugar de revisar constantemente tu correo electrónico a lo largo del día, programa momentos específicos para chequearlo y responderlo. Esto reduce las interrupciones y te ayuda a centrarte en tus tareas.

- **Organiza tu espacio de trabajo digital:** Mantén organizados el escritorio de tu computadora y tus archivos digitales. Utiliza carpetas y nomenclaturas que te faciliten encontrar rápidamente lo que necesitas, reduciendo el tiempo dedicado a buscar documentos.

- **Desactiva las notificaciones:** Para minimizar las distracciones, desactiva las notificaciones no esenciales de tus dispositivos. Esto incluye alertas de redes sociales, actualizaciones de aplicaciones y otras notificaciones emergentes que puedan interrumpir tu concentración.

Ejemplo: Lucas, un desarrollador de software, descubrió que las redes sociales y el correo electrónico lo distraían mucho durante su jornada laboral. Para solucionarlo, instaló un bloqueador de sitios web que restringía el acceso a las redes sociales durante las horas de trabajo y fijó momentos específicos para consultar su correo electrónico: una vez por la mañana, a la hora de comer y antes de terminar la jornada. También organizó su espacio de trabajo digital, manteniendo el escritorio libre de archivos innecesarios y creando un sistema de carpetas ordenado. Estos cambios ayudaron a Lucas a mantener la concentración y redujeron significativamente su procrastinación.

Ejercicios:

- **Desintoxicación digital:** Elige un día para realizar una desintoxicación digital limitando tu uso de los dispositivos digitales únicamente a las tareas esenciales. Reflexiona sobre cómo afecta esto a tu concentración y productividad.

- **Auditoría de notificaciones:** Revisa las notificaciones que recibes en tus dispositivos. Desactiva las notificaciones que no sean esenciales y establece horas concretas para comprobar tus mensajes y actualizaciones.

Conclusión

Tu entorno desempeña un papel poderoso en la configuración de tu comportamiento y productividad. Al tomar el control de tu entorno físico, social y digital, puedes crear un ambiente que minimice las distracciones y apoye tus esfuerzos por superar la procrastinación. Pequeños cambios, como despejar tu espacio de trabajo, establecer límites con tus compañeros y gestionar tus herramientas digitales, pueden tener un impacto significativo en tu capacidad para mantener la concentración y alcanzar tus objetivos. A medida que sigas perfeccionando tu entorno, verás que te resulta más fácil pasar a la acción y mantener el impulso en tu vida personal y profesional. En el capítulo final, repasaremos todas las estrategias discutidas en este libro, proporcionándote un plan integral para vencer la procrastinación y liberar tu máximo potencial.

Crear un plan integral para superar la procrastinación

Superar la procrastinación no es un esfuerzo de una sola vez, sino un proceso continuo que requiere autoconciencia, disciplina y las estrategias adecuadas. A lo largo de este libro, hemos explorado diversos aspectos de la procrastinación, desde sus causas profundas y la ciencia que la sustenta hasta estrategias prácticas adaptadas a diferentes contextos. En este capítulo final, reuniremos todos estos elementos para crear un plan integral que puedas poner en práctica en tu vida diaria. Este plan te ayudará a identificar tus desencadenantes específicos de procrastinación, aplicar las estrategias más eficaces y crear hábitos que favorezcan la productividad y el éxito a largo plazo. Siguiendo este plan, estarás mejor equipado para gestionar la procrastinación y alcanzar tus objetivos con mayor facilidad y confianza.

Identificar los desencadenantes de la procrastinación

Comprender tus desencadenantes personales: Para combatir eficazmente la procrastinación, es esencial identificar los desencadenantes específicos que te llevan a posponer las tareas. Estos desencadenantes pueden ser emocionales, ambientales o situacionales, y a menudo varían de una persona a otra. Al reconocer lo que te incita a procrastinar, puedes tomar medidas proactivas para abordar estos desencadenantes y reducir su impacto.

Desencadenantes habituales de la procrastinación:

- **Miedo al fracaso:** Preocuparte por no tener éxito o no cumplir las expectativas puede hacer que pospongas tareas para evitar un posible fracaso.

- **Perfeccionismo:** El deseo de realizar un trabajo impecable puede llevarte a la procrastinación, ya que puedes retrasar el inicio de las tareas hasta que las condiciones sean "perfectas".

- **Agobio:** Sentirse abrumado por el tamaño o la complejidad de una tarea puede dificultar saber por dónde empezar, lo que lleva a la evasión.

- **Distracciones:** Los factores ambientales como el ruido, el desorden o las distracciones digitales pueden dificultar la concentración y contribuir a la procrastinación.

- **Falta de interés o motivación:** Cuando una tarea te parece poco interesante o poco importante, es fácil posponerla porque no parece merecer tu tiempo o esfuerzo.

Cómo identificar tus desencadenantes:

- **Lleva un diario de la procrastinación:** Registra tus episodios de procrastinación anotando cuándo, dónde y por qué lo has dejado para más tarde. Incluye detalles sobre tus pensamientos, emociones y entorno en ese momento. Al cabo de unas semanas, surgirán patrones que te ayudarán a identificar tus principales desencadenantes.

- **Reflexiona sobre experiencias pasadas:** Piensa en casos recientes de procrastinación. ¿Qué estaba ocurriendo en ese momento? ¿Qué sentías o pensabas? Reflexionar sobre experiencias pasadas puede ayudarte a comprender mejor tus patrones de procrastinación.

- **Solicita retroalimentación:** Pregunta a un amigo, familiar o colega de confianza si ha observado alguna pauta en tu procrastinación. Sus observaciones pueden ayudarte a identificar los desencadenantes que podrías haber pasado por alto.

A veces, los demás pueden ver nuestro comportamiento con más claridad que nosotros mismos.

Ejemplo: Emily, una estudiante de posgrado, se dio cuenta escribiendo en su diario de que solía procrastinar la redacción de su tesis cuando se sentía abrumada por la cantidad de investigación necesaria. También notó que era más propensa a procrastinar cuando su espacio de trabajo estaba desordenado o cuando se sentía particularmente ansiosa por la posibilidad de ser juzgada. Al identificar estos desencadenantes, Emily pudo tomar medidas para controlarlos, como dividir su investigación en tareas más pequeñas y mantener organizado su espacio de trabajo.

Ejercicios:

- **Creación de un diario de procrastinación:** Crea un diario de procrastinación en el que registres los casos de procrastinación, anotando la hora, el lugar y las circunstancias. Revisa tus anotaciones al cabo de dos semanas para identificar los desencadenantes habituales.

- **Reflexión sobre los desencadenantes:** Reflexiona sobre una tarea reciente que hayas pospuesto e identifica los desencadenantes que te llevaron a posponerla. Considera qué podrías hacer para abordar estos desencadenantes en el futuro.

Aplicar estrategias eficaces para superar la procrastinación

Repasando las estrategias clave: A lo largo de este libro, hemos cubierto numerosas estrategias para superar la procrastinación. Ahora es el momento de revisar estas estrategias y determinar cuáles se aplican mejor a tu situación. Al elegir las estrategias que resuenen contigo, podrás crear un plan personalizado para abordar la procrastinación de manera directa.

Estrategias para diferentes desencadenantes:

- **Para el miedo al fracaso:** Utiliza técnicas cognitivo-conductuales para cuestionar tus pensamientos negativos y replantearte el fracaso como una oportunidad de aprendizaje. Fíjate objetivos pequeños y alcanzables para aumentar tu confianza y reducir el miedo al fracaso.

- **Para el perfeccionismo:** Acepta el concepto de "suficientemente bueno" y céntrate en progresar más que en alcanzar la perfección. Divide las tareas en pasos más pequeños y establece límites de tiempo para evitar pulirlas en exceso.

- **Para el agobio:** Divide las tareas grandes en pequeñas partes manejables y priorízalas en función de su importancia y urgencia. Utiliza técnicas de gestión del tiempo como la Técnica Pomodoro para mantener la concentración y reducir el agobio.

- **Para las distracciones:** Optimiza tu entorno físico y digital para minimizar las distracciones. Utiliza herramientas como bloqueadores de sitios web y aplicaciones de seguimiento del tiempo para no desviarte de la tarea y crear un espacio de trabajo que favorezca la concentración.

- **Por falta de interés o motivación:** Conecta las tareas a tus objetivos y valores más amplios para aumentar la motivación. Utiliza sistemas de recompensa y responsabilidad para mantener el enfoque y el impulso.

Crea un plan de estrategia personalizado:

- **Prioriza tus desencadenantes:** Basándote en tu diario de procrastinación y tus reflexiones, prioriza los desencadenantes que afectan significativamente tu productividad. Céntrate en abordar primero estos desencadenantes.

- **Selecciona estrategias relevantes:** Elige estrategias que aborden directamente tus desencadenantes prioritarios. Por ejemplo, céntrate en estrategias ambientales y digitales si luchas contra las distracciones. Si el perfeccionismo es tu principal reto, haz hincapié en estrategias que fomenten el progreso por encima de la perfección.

- **Ponlas en práctica gradualmente:** Comienza implementando una o dos estrategias a la vez. Esto te permitirá adaptarte gradualmente a los nuevos hábitos sin sentirte abrumado. A medida que vayas ganando confianza, podrás introducir estrategias adicionales.

Por ejemplo, David, un gerente de proyectos, identificó el perfeccionismo y el agobio como sus principales desencadenantes de la procrastinación. Para hacerles frente, decidió fijarse objetivos de proyecto más pequeños y manejables, y utilizar la Técnica Pomodoro para dividir su trabajo en intervalos de tiempo. También se comprometió a revisar sus progresos semanalmente y a recordarse a sí mismo que "hecho es mejor que perfecto". Aplicando estas estrategias, David pudo progresar de forma constante en sus tareas sin quedar atrapado en el ciclo de la procrastinación.

Ejercicios:

- **Hoja de trabajo de selección de estrategias:** Crea una hoja de trabajo con una lista de tus principales factores desencadenantes de la procrastinación y las estrategias correspondientes. Elige una o dos estrategias para ponerlas en práctica esta semana y haz un seguimiento de tus progresos.

- **Revisión semanal de estrategias:** Reserva un tiempo al final de cada semana para revisar qué tan efectivas fueron las estrategias que aplicaste. Ajústalas si fuera necesario y planifica en qué estrategias centrarte la próxima semana.

Crear hábitos a largo plazo para mantener el progreso

La importancia de los hábitos para combatir la procrastinación: Los hábitos son la base de una productividad sostenida. Aunque las estrategias te ayudan a abordar la procrastinación a corto plazo, crear hábitos a largo plazo te garantiza que mantengas el progreso a lo largo del tiempo. Al incorporar comportamientos productivos a tu rutina diaria, reduces la probabilidad de volver a caer en patrones de procrastinación.

Pasos para crear hábitos productivos:

- **Empieza poco a poco:** Comienza con hábitos pequeños y manejables que sean fáciles de incorporar a tu rutina. Por ejemplo, si quieres crear el hábito de empezar a trabajar puntualmente, fija una hora concreta para empezar cada día y reduce gradualmente las distracciones durante ese periodo.

- **Utiliza el apilamiento de hábitos:** El apilamiento de hábitos consiste en vincular un nuevo hábito a uno ya existente. Por ejemplo, si ya tienes tu rutina del café matutino, podrías empezar a planificar tu día inmediatamente después de disfrutar tu café.

- **Monitorea tu progreso:** Utiliza un rastreador de hábitos para controlar tus progresos. Puede ser tan sencillo como marcar un hábito diario en un calendario o utilizar una aplicación de seguimiento de hábitos. Ver tus progresos puede ser motivador y ayudarte a reforzar el hábito.

- **Recompensa la constancia:** Recompénsate por mantener la constancia con tus nuevos hábitos. Puede ser un pequeño capricho, un descanso o algo agradable que sólo hagas después de completar tu hábito.

- **Ten paciencia:** Crear hábitos lleva su tiempo. No te desanimes si un hábito tarda un tiempo en hacerse automático. Mantén tu compromiso y, con el tiempo, el hábito se convertirá en una parte natural de tu rutina.

Hábitos comunes para combatir la procrastinación:

- **Planificación diaria:** Empieza cada día con una breve sesión de planificación para delinear tus tareas y prioridades.

- **Intervalos de trabajo enfocado:** Utiliza técnicas de gestión del tiempo como la Técnica Pomodoro para crear intervalos de trabajo concentrado, seguidos de breves descansos.

- **Orden regular:** Acostúmbrate a ordenar y despejar tu espacio de trabajo al final de cada día o semana para mantener un entorno limpio y organizado.

- **Práctica de atención plena:** Incorpora la atención plena o la meditación a tu rutina para reducir el estrés y aumentar la concentración.

Ejemplo: Sarah, una escritora, luchaba contra la procrastinación debido a la falta de estructura en su día a día. Creó el hábito de la planificación diaria añadiéndolo a su rutina del café matutino. Cada mañana, después de prepararse el café, dedicaba cinco minutos a planificar las tareas del día. Seguía sus progresos con una aplicación de seguimiento de hábitos y se recompensaba con un breve paseo si completaba su planificación diaria de forma constante durante una semana. Con el tiempo, este hábito se convirtió en automático, ayudando a Sarah a mantenerse organizada y a reducir la procrastinación.

Ejercicios:

- **Ejercicio de apilamiento de hábitos:** Elige un hábito productivo que quieras crear y vincúlalo a uno que ya tengas. Sigue tus progresos durante la semana siguiente y observa qué tan bien se integra el nuevo hábito en tu rutina.

- **Hábito de planificación diaria:** Empieza cada día con una sesión de planificación de cinco minutos en la que describas tus tareas y prioridades. Utiliza un rastreador de hábitos para controlar tu constancia.

Conclusión: Tu plan personalizado para superar la procrastinación

Al concluir este libro, ha llegado el momento de combinar todas las ideas y estrategias que has aprendido en un plan personalizado para superar la procrastinación. Este plan te guiará para mantenerte en el camino correcto, enfocarte y alcanzar tus objetivos.

Pasos para crear tu plan:

1. **Identifica tus desencadenantes:** Utiliza tu diario de procrastinación y tus reflexiones para identificar los desencadenantes clave que te llevan a procrastinar.

2. **Selecciona tus estrategias:** Elige las estrategias que más resuenen contigo y que sean más eficaces para abordar tus desencadenantes específicos.

3. **Construye tus hábitos:** Céntrate en crear hábitos a largo plazo que favorezcan tu productividad y reduzcan la probabilidad de procrastinar.

4. **Implementa y ajusta:** Empieza a aplicar tu plan gradualmente, centrándote en una o dos áreas a la vez. Revisa tus progresos con regularidad y haz los ajustes necesarios.

5. **Mantén tu compromiso:** Superar la procrastinación es un proceso continuo. Mantente comprometido con tu plan, sé paciente contigo mismo y celebra tus éxitos a lo largo del camino.

Ejemplo de plan personalizado:

- **Desencadenante:** Sensación de agobio

- **Estrategia:** Divide las tareas en pasos más pequeños, utiliza la Técnica Pomodoro y prioriza las tareas en función de su importancia.

- **Hábito:** Realiza una sesión de planificación diaria al comienzo de cada día.

- **Puesta en práctica:** Comienza con una planificación diaria durante la primera semana, y luego añade intervalos de la Técnica Pomodoro en la segunda semana. Revisa los progresos al final de cada semana y haz los ajustes necesarios.

Reflexiones finales: Todo el mundo se enfrenta a la procrastinación en algún momento de su vida, pero con las estrategias y la mentalidad adecuadas, es algo que se puede superar. Al comprender tus desencadenantes, aplicar estrategias efectivas y crear hábitos positivos, puedes tomar el control de tu tiempo y tu productividad. Recuerda que el objetivo es el progreso, no la perfección. Mantente comprometido con tu camino, y verás cómo la procrastinación deja de ser un obstáculo y se convierte en una oportunidad para crecer y mejorar.

Pasos a seguir:

- **Crea tu plan:** Utiliza los pasos descritos en esta conclusión para crear tu plan personalizado para superar la procrastinación. Anótalo y guárdalo en algún lugar visible.

- **Revisa y ajusta:** Establece un recordatorio para revisar tu plan al cabo de un mes. Evalúa lo que funciona y lo que necesitas ajustar, y realiza los cambios necesarios.

- **Celebra tus éxitos:** A medida que avances, tómate tiempo para celebrar tus logros. Cada paso adelante es una victoria en tu camino para superar la procrastinación.

Gracias por llegar hasta el final: Tu voz importa

¡Felicidades, has llegado a las últimas páginas de *Libérate*! Espero que este libro te haya brindado las herramientas y estrategias necesarias para superar la procrastinación y tomar el control de tu productividad.

Así como cada pequeño paso hacia adelante te acerca a tus metas, tus comentarios sobre este libro nos ayudan a mí y a otros a seguir creciendo.

"El viaje para superar la procrastinación es un camino hacia el empoderamiento: un pequeño paso intencionado a la vez".

Si este libro te ha aportado valor, ideas o incluso una nueva perspectiva, tómate un momento para dejar una reseña en Amazon. Tu reseña ayudará a otros a descubrir el libro y les dará el coraje para iniciar su viaje hacia la liberación de la procrastinación.

Cómo dejar tu reseña:

1. Visita la página de Amazon donde compraste el libro.
2. Comparte lo que aprendiste, cómo te ayudaron las estrategias y qué aspectos resonaron más contigo.
3. Tu reseña, por breve que sea, marca una gran diferencia.

Gracias por formar parte de este viaje. Tu apoyo es un paso que impacta en la vida de los demás.

O escanea el código QR para acceder directamente a la página de reseñas del libro.

Hayden Crosswell

Apéndice

A. Herramientas y recursos para superar la procrastinación

1. Herramientas de gestión del tiempo

- **Temporizador Pomodoro:** La Técnica Pomodoro es un método de gestión del tiempo que divide el trabajo en intervalos, normalmente de 25 minutos, separados por breves descansos. Un temporizador Pomodoro está diseñado específicamente para ayudarte a seguir esta técnica. Puedes encontrar temporizadores Pomodoro en aplicaciones, temporizadores físicos o extensiones para navegadores. Estos temporizadores te ayudan a mantener la concentración y evitar el agotamiento laboral fomentando las pausas regulares. Las aplicaciones Pomodoro más populares son *Focus Booster* y *Pomodone*.

- **Trello:** Trello es una herramienta de gestión de proyectos que utiliza tableros, listas y tarjetas para ayudarte a organizar las tareas visualmente. Es genial para dividir proyectos grandes en tareas más pequeñas y manejables, y llevar un seguimiento del progreso. La flexibilidad de Trello te permite personalizar tu flujo de trabajo, establecer plazos y colaborar con otras personas. Es especialmente útil para los pensadores visuales que necesitan ver sus tareas dispuestas en un formato estructurado.

- **Todoist:** Todoist es una app de gestión de tareas que te ayuda a crear y organizar listas de tareas pendientes, establecer prioridades y seguir tu progreso. Puedes clasificar las tareas por proyectos, establecer tareas recurrentes e integrar Todoist con otras herramientas de productividad como Google Calendar. La interfaz fácil de utilizar de Todoist facilita la gestión de tareas personales y profesionales, manteniéndolo todo en un solo lugar.

- **RescueTime:** RescueTime es una aplicación de seguimiento del tiempo que controla cómo empleas tu tiempo en tu computadora y tus dispositivos móviles. Ofrece informes detallados sobre tus actividades diarias, ayudándote a identificar hábitos de pérdida de tiempo y a realizar ajustes. RescueTime también incluye un modo de enfoque, que bloquea los sitios web que te distraen para ayudarte a concentrarte en tus tareas. Es una herramienta excelente para aumentar la conciencia de cómo utilizas tu tiempo y encontrar formas de mejorar tu productividad.

2. Aplicaciones de atención plena y relajación

- **Headspace:** Headspace es una popular aplicación de meditación que ofrece sesiones guiadas de atención plena, relajación y reducción del estrés. La aplicación ofrece cursos sobre diversos temas, como la gestión de la ansiedad, la mejora de la concentración y la mejora del sueño. Con su interfaz fácil de utilizar y su variedad de duraciones de meditación, Headspace es adecuada tanto para principiantes como para meditadores experimentados.

- **Calm:** Calm se centra en la atención plena y el sueño, y ofrece meditaciones guiadas, ejercicios de respiración, cuentos para dormir y pistas musicales diseñadas para ayudarte a relajarte y desconectar tu mente. La amplia biblioteca de Calm abarca muchos temas, como la gestión del estrés, la concentración y la superación personal. Es una gran herramienta para incorporar la atención plena a tu rutina diaria.

- **Insight Timer:** Insight Timer es una aplicación de meditación gratuita con una amplia biblioteca de meditaciones guiadas, pistas musicales y charlas de expertos en atención plena. También cuento con un temporizador de meditación personalizable para la práctica no guiada. El aspecto comunitario de la aplicación te permite conectar con otras personas que comparten objetivos similares de atención plena, lo que te proporciona apoyo y motivación adicionales.

3. Herramientas de seguimiento de hábitos

- **Habitica:** Habitica es una aplicación de seguimiento de hábitos que convierte metas diarias en desafíos, permitiéndote subir de nivel en la aplicación. Obtendrás recompensas y logros por completar las tareas, lo que la convierte en una forma divertida y atractiva de crear buenos hábitos y acabar con los malos. Habitica también ofrece un componente social en el que puedes unirte a grupos y afrontar los desafíos en conjunto.

- **Streaks:** Streaks es una aplicación de seguimiento de hábitos diseñada para ayudarte a crear y mantener buenos hábitos mediante el seguimiento de cuántos días seguidos completas una tarea. La aplicación te permite seguir hasta 12 hábitos a la vez, con recordatorios y notificaciones personalizables. La sencilla interfaz de Streaks hace que sea fácil ver tu progreso y mantener la motivación para seguir con tus hábitos.

- **HabitBull:** HabitBull es un rastreador de hábitos flexible que te permite seguir varios hábitos simultáneamente. Puedes establecer objetivos diarios, semanales o mensuales, y HabitBull te ayudará a mantener el rumbo con recordatorios y gráficos de progreso. La aplicación también incluye una función de comunidad, que te permite compartir tus progresos y obtener el apoyo de otras personas que trabajan en hábitos similares.

4. Bloqueadores de sitios web y herramientas para mantener el enfoque

- **StayFocusd:** StayFocusd es una extensión de Chrome que limita el tiempo que puedes pasar en sitios web que te distraen. Una vez agotado el tiempo asignado, la extensión bloquea el acceso a esos sitios durante el resto del día. Es muy personalizable, ya que te permite establecer límites de tiempo para sitios concretos, bloquear categorías enteras de sitios web o crear una "opción nuclear" que bloquee todos los sitios durante un periodo determinado.

- **Freedom:** Freedom es una herramienta que bloquea los sitios web y aplicaciones que te distraen en todos tus dispositivos, ayudándote a concentrarte en tu trabajo. Puedes programar sesiones recurrentes o iniciar una sesión sobre la marcha, y Freedom bloqueará las distracciones que elijas hasta que finalice la sesión. Es una potente herramienta para crear entornos de trabajo libres de distracciones y mantener la concentración.

- **Cold Turkey:** Cold Turkey es un bloqueador de sitios web que te permite bloquear el acceso a determinados sitios web, aplicaciones o incluso a toda la Internet durante un periodo determinado. Una vez que inicias un bloqueo, es casi imposible deshacerlo hasta que se acabe el tiempo, lo que lo convierte en una herramienta muy eficaz para quienes luchan con el autocontrol. Cold Turkey también ofrece un modo "Frozen Turkey", que te bloquea completamente el acceso a tu computadora, excepto para los programas de la lista blanca, durante un tiempo determinado.

B. Lecturas recomendadas

1. Libros sobre procrastinación y productividad

   - **"La Guerra del Arte", de Steven Pressfield:** "La Guerra del Arte" profundiza en el concepto de resistencia, esa fuerza interna que nos impide perseguir nuestros objetivos y sueños creativos. Pressfield analiza cómo la resistencia se manifiesta en forma de procrastinación, miedo y dudas sobre uno mismo, y ofrece consejos prácticos para superar estas barreras. El libro es especialmente valioso para los creativos que luchan contra la procrastinación respecto a su arte, escritura u otros esfuerzos creativos.

   - **"Hábitos atómicos", de James Clear:** "Hábitos atómicos" es una guía completa para crear buenos hábitos y acabar con los malos. Clear hace hincapié en el poder de los cambios pequeños e incrementales -que él denomina "hábitos atómicos"- para crear transformaciones significativas a largo plazo. El libro proporciona estrategias prácticas para superar la procrastinación, centrándose en la formación de hábitos y en cómo los cambios minúsculos pueden conducir a resultados notables a lo largo del tiempo.

   - **"La ecuación de la procrastinación", de Piers Steel:** "La ecuación de la procrastinación" combina investigaciones de psicología, economía y teoría de la motivación para explicar por qué procrastinamos y cómo podemos superarlo. Steel presenta una fórmula que desglosa los factores clave que influyen en la procrastinación -esperanza, valor, impulsividad y retraso- y ofrece estrategias basadas en pruebas para abordar cada componente. Es una lectura práctica y perspicaz para cualquiera que desee comprender la ciencia que hay detrás de la procrastinación.

2. Libros sobre gestión del tiempo

   - **"Organízate con eficacia" de David Allen:** "Organízate con eficacia" es un clásico en el campo de la gestión del tiempo. Allen presenta un sistema para organizar tareas y proyectos que ayuda a reducir el estrés y aumentar la productividad. El método GTD (por sus siglas en inglés, Getting Things Done) se centra en capturar todas tus tareas, proyectos y compromisos en un sistema externo, lo que te permite despejar la mente y centrarte en lo más importante. El libro proporciona una guía paso a paso para poner en práctica el sistema GTD y es una lectura obligada para cualquiera que desee mejorar sus habilidades organizativas.

- **"Trabajo Profundo", de Cal Newport:** "Trabajo Profundo" explora la importancia del trabajo enfocado e ininterrumpido en un mundo lleno de distracciones. Newport argumenta que concentrarse profundamente en tareas significativas es una habilidad rara y valiosa en la economía actual. El libro ofrece estrategias prácticas para cultivar hábitos de trabajo profundo, minimizar las distracciones y alcanzar altos niveles de productividad. Es especialmente relevante para quienes luchan contra las distracciones digitales y la multitarea.

- **"¡Cómete esa rana!", de Brian Tracy:** "¡Cómete esa rana!" es una guía directa sobre priorización y gestión del tiempo. La metáfora central de Tracy - "comerse la rana"- se refiere a abordar tu tarea más difícil a primera hora de la mañana para poder afrontar el resto del día con una sensación de logro. El libro ofrece 21 consejos prácticos para superar la procrastinación, gestionar tu tiempo con eficacia y aumentar tu productividad. Es una lectura rápida y fácil que proporciona consejos prácticos para cualquiera que quiera superarse.

C. Técnicas de Terapia Cognitivo-Conductual (TCC)

1. Registros de pensamiento

Los registros de pensamientos son una poderosa herramienta de la TCC para identificar y desafiar los pensamientos negativos que contribuyen a la procrastinación. El proceso consiste en anotar la situación que desencadenó la procrastinación, los pensamientos automáticos que experimentaste, las emociones asociadas a esos pensamientos y las pruebas a favor y en contra de esos pensamientos. Al examinar la validez de tus pensamientos, puedes desarrollar perspectivas más equilibradas y realistas, reduciendo la procrastinación y aumentando la motivación.

Cómo utilizar los registros del pensamiento:

- **Situación:** Describe la situación en la que sentiste el impulso de procrastinar. ¿Qué estabas haciendo o pensando cuando decidiste retrasar la tarea?

- **Pensamientos automáticos:** Escribe los pensamientos automáticos que te vengan a la mente. Por ejemplo: "Esta tarea es demasiado difícil" o "Nunca podré hacer esto perfectamente".

- **Emociones:** Anota las emociones que sentiste cuando tuviste estos pensamientos. ¿Estabas ansioso, abrumado o frustrado?

- **Pruebas a favor/en contra:** Enumera las pruebas que apoyan estos pensamientos y las que los contradicen. Por ejemplo, ¿has completado antes con éxito tareas similares? ¿Es realmente tan difícil como crees?

- **Pensamiento equilibrado:** Después de revisar las pruebas, escribe un pensamiento más equilibrado y realista que pueda ayudarte a abordar la tarea con una mentalidad más positiva.

2. Experimentos conductuales

Los experimentos conductuales son ejercicios prácticos diseñados para comprobar la exactitud de tus creencias negativas sobre la procrastinación. Por ejemplo, si crees que empezar una tarea será demasiado abrumador, podrías realizar un experimento trabajando en la tarea durante sólo 10 minutos para ver si es tan difícil como habías previsto. Estos experimentos te ayudarán a reunir evidencia del mundo real que desafíe tus miedos y suposiciones relacionadas con la procrastinación.

Pasos para realizar experimentos conductuales:

- **Identifica una creencia:** Elige una que contribuya a tu procrastinación, como "Si empiezo esta tarea, tardaré una eternidad en terminarla".

- **Experimenta:** Planifica un experimento pequeño y manejable para poner a prueba esta creencia. Por ejemplo, pon un temporizador durante 10 minutos y trabaja en la tarea para ver cuánto puedes lograr en ese tiempo.

- **Observa el resultado:** Completa el experimento y observa el resultado. ¿La tarea te ha llevado tanto tiempo como pensabas? ¿Cómo te sentiste después de trabajar en ella durante 10 minutos?

- **Reflexiona y reformula:** Reflexiona sobre los resultados del experimento y considera cómo desafían tu creencia original. Utiliza esta reflexión para desarrollar una visión más equilibrada que reduzca la procrastinación.

3. TCC basada en la atención plena

La Terapia Cognitiva Conductual basada en la atención plena combina prácticas de atención plena con técnicas tradicionales de TCC para ayudarte a ser más consciente de los desencadenantes de tu procrastinación y responder a ellos de forma más constructiva. Al practicar la atención plena, puedes ser más consciente de tus pensamientos y sentimientos sin sentirte abrumado por ellos. Esto te permite tomar decisiones más intencionadas sobre cómo responder al impulso de procrastinar.

Prácticas de atención plena para la procrastinación:

- **Respiración consciente:** Dedica unos minutos cada día a concentrarte en tu respiración. Cuando notes que tu mente divaga hacia pensamientos de procrastinación, vuelve a centrarte suavemente en la respiración. Esto te ayuda a desarrollar la habilidad de volver a centrar tu atención cuando surgen distracciones.

- **Meditación de escaneo corporal:** Dedica unos minutos al día a escanear tu cuerpo de la cabeza a los pies, observando cualquier zona de tensión o malestar. Esta práctica puede ayudarte a ser más consciente de cómo el estrés y la ansiedad contribuyen a la procrastinación y animarte a relajarte y volver a centrarte.

- **Observación consciente:** Elige una tarea sencilla, como lavar los platos o beber una taza de té, y hazla con atención plena. Presta toda tu atención a las sensaciones, sonidos y movimientos que implica la tarea. Esta práctica te ayuda a desarrollar la capacidad de mantenerte presente y comprometido, incluso en las actividades cotidianas.

D. Hojas de trabajo y ejercicios

1. Hoja de trabajo sobre los desencadenantes de la procrastinación

Esta hoja de ejercicios está diseñada para ayudarte a identificar los desencadenantes específicos que te llevan a procrastinar. Al reflexionar sobre experiencias recientes, puedes identificar las emociones, pensamientos y circunstancias que te impulsan a posponer tus tareas.

Hoja de trabajo sobre los factores desencadenantes de la procrastinación:

- **Tarea/Actividad:** Describe la tarea que pospusiste.

- **Fecha/Hora**: ¿Cuándo ocurrió la procrastinación?

- **Desencadenante:** ¿Qué pensamientos, emociones o circunstancias concretas desencadenaron la procrastinación?

- **Resultado:** ¿Cuál fue el resultado de procrastinar esta tarea?

- **Plan de acción:** ¿Qué podrías hacer de forma diferente la próxima vez para controlar este desencadenante?

2. Hoja de trabajo de selección de estrategias

Utiliza esta hoja de ejercicios para seleccionar y priorizar estrategias para superar la procrastinación basándote en tus desencadenantes específicos. Esta hoja de trabajo te ayuda a relacionar las estrategias con los desencadenantes y a planificar cómo ponerlas en práctica.

Hoja de trabajo de selección de estrategias:

- **Desencadenante:** Identifica un desencadenante de la procrastinación.

- **Estrategia:** Enumera una o más estrategias que puedan ayudarte a abordar este desencadenante.

- **Plan de aplicación:** Describe cómo pondrás en práctica esta estrategia en tu rutina diaria.

- **Fecha de revisión:** Establece una fecha para revisar tus progresos y realizar los ajustes necesarios.

3. Plantilla de planificación diaria

Esta plantilla te guiará a través de una sesión de planificación diaria, ayudándote a priorizar tareas, establecer objetivos y distribuir el tiempo de forma eficaz. El uso regular de esta plantilla puede ayudarte a reducir la procrastinación al proporcionar estructura a tu día.

Plantilla de planificación diaria:

- **Fecha:**

- **Las 3 prioridades principales:** Enumera las tres tareas más importantes del día.

- **Lista de tareas:** Escribe todas las tareas que tienes que completar hoy.

- **Asignación de tiempo:** Calcula cuánto tiempo te llevará cada tarea.

- **Pausas:** Programa descansos a lo largo del día para recargar pilas.

- **Reflexión al final del día:** Reflexiona sobre lo que has conseguido hoy y sobre los ajustes necesarios para mañana.

4. Seguimiento de hábitos

Un rastreador de hábitos te ayuda a monitorear y mantener el progreso en los nuevos hábitos que combaten la procrastinación. Utiliza el rastreador para visualizar tu constancia y mantenerte motivado.

Rastreador de hábitos:

- **Hábito:** Describe el hábito que quieres crear.

- **Objetivo:** ¿Con qué frecuencia quieres realizar este hábito (por ejemplo, diariamente, semanalmente)?

- **Periodo de seguimiento:** Establece el periodo de seguimiento (por ejemplo, un mes).

- **Días/Semanas:** Marca cada día o semana que hayas completado con éxito el hábito.

- **Reflexión:** Al final del periodo de seguimiento, reflexiona sobre tus progresos y los desafíos que se te hayan presentado.

E. Recursos de apoyo y rendición de cuentas

1. Encontrar un socio o compañero de responsabilidad

Un compañero de responsabilidad puede proporcionarte motivación, apoyo y ánimo mientras trabajas para superar la procrastinación. Aquí tienes algunos consejos para encontrar y trabajar eficazmente con un compañero de responsabilidad:

Consejos para encontrar un compañero de responsabilidad:

- **Elige a alguien con objetivos similares:** Busca un compañero con objetivos o retos similares a los tuyos. Esto garantiza que puedan identificarse con las experiencias del otro y ofrecerse consejos pertinentes.

- **Establezcan expectativas claras:** Discutan con qué frecuencia se informarán mutuamente, sobre qué informarán y cómo se ofrecerán apoyo mutuamente. Unas expectativas claras ayudan a mantener la responsabilidad.

- **Chequeos regulares:** Programen reuniones periódicas, diarias, semanales o quincenales, para hablar de los progresos, los retos y los próximos pasos.

- **Retroalimentación constructiva:** Proporciónense retroalimentación solidaria pero honesta. Anímense mutuamente a seguir por el buen camino y celebren juntos las pequeñas victorias.

2. Unirse a un grupo de apoyo

Los grupos de apoyo ofrecen un sentimiento de comunidad y experiencia compartida, lo que podría ser muy valioso para superar la procrastinación. Aquí te mostramos cómo encontrar o crear un grupo de apoyo:

Cómo encontrar un grupo de apoyo:

- **Foros en línea:** Busca comunidades o foros en línea centrados en la productividad, la gestión del tiempo o la superación de la procrastinación. Sitios web como Reddit y Facebook tienen grupos donde los miembros comparten consejos, desafíos y apoyo.

- **Reuniones locales:** Busca en plataformas como Meetup.com grupos locales centrados en la productividad o el desarrollo personal. Estos grupos a menudo organizan reuniones periódicas, talleres y eventos para establecer contactos.

- **Crea tu propio grupo:** Si no encuentras un grupo que se adapte a tus necesidades, considera la posibilidad de crear tu grupo. Invita a amigos, colegas o conocidos que luchen contra la procrastinación a unirse y organiza reuniones periódicas para debatir objetivos y estrategias.

3. Trabajar con un coach o terapeuta

El apoyo profesional de un coach o terapeuta puede ser increíblemente eficaz para gestionar la procrastinación, sobre todo si está relacionada con problemas más profundos como la ansiedad, la depresión o el TDAH.

Consejos para encontrar un coach o terapeuta:

- **Investiga especialistas:** Busca profesionales especializados en procrastinación, productividad o problemas de salud mental relacionados. Comprueba sus credenciales, experiencia y opiniones de clientes.

- **Consulta inicial:** Muchos coaches y terapeutas ofrecen una consulta inicial. Aprovecha esta oportunidad para discutir acerca de tus objetivos, hacer preguntas y determinar si son adecuados para ti.

- **Establece objetivos claros:** Trabaja con tu coach o terapeuta para establecer objetivos claros y factibles. Revisa periódicamente los progresos y ajusta tu enfoque según sea necesario.

- **Comprométete con el proceso:** Superar la procrastinación es un viaje. Sé paciente contigo mismo y comprométete con el proceso, incluso cuando se vuelva desafiante.

F. Preguntas frecuentes

1. ¿Cuál es la causa más común de la procrastinación?

La causa más común de la procrastinación es una combinación de miedo y ansiedad, sobre todo miedo al fracaso. Muchas personas procrastinan porque temen que sus esfuerzos no sean lo suficientemente buenos, lo que puede provocar sentimientos de inadecuación o decepción. Este miedo puede verse agravado por el perfeccionismo, en el que el deseo de realizar un trabajo impecable impide a las personas iniciar las tareas.

Para hacer frente a esto, es importante reformular tu mentalidad. En lugar de centrarte en el miedo al fracaso, céntrate en el valor del progreso y el aprendizaje. Reconoce que cometer errores es una parte natural del crecimiento y que emprender acciones imperfectas es mejor que no hacer nada. Estrategias como establecer objetivos más pequeños y alcanzables y practicar la autocompasión también pueden ayudar a mitigar el miedo que conduce a la procrastinación.

2. ¿Cuánto tiempo se tarda en abandonar el hábito de procrastinar?

Romper un hábito de procrastinación puede variar significativamente de una persona a otra, dependiendo de la gravedad del hábito y de las estrategias utilizadas para abordarlo. Las investigaciones sugieren que normalmente se tarda entre 21 y 66 días en formar un nuevo hábito, incluida la superación de la procrastinación. La constancia es la clave: practicando regularmente nuevos comportamientos productivos, puedes sustituir gradualmente la procrastinación por hábitos más constructivos.

Para acabar con el hábito de procrastinar, empieza por identificar los desencadenantes que te hacen procrastinar. Pon en práctica estrategias como la Técnica Pomodoro para gestionar mejor tu tiempo, y utiliza rastreadores de hábitos para controlar tus progresos. Crear un sistema de apoyo, como un compañero o coach de responsabilidad, también es útil para mantenerte motivado y en el buen camino.

3. ¿Procrastinar podría ser beneficioso alguna vez?

En algunos casos, la procrastinación podría ser beneficiosa, sobre todo cuando conduce a una mejor toma de decisiones o a mejores resultados. Este concepto se conoce como "procrastinación estratégica". Por ejemplo, retrasar una decisión hasta disponer de más información puede dar lugar a una elección más informada. Del mismo modo, tomarte un descanso en una tarea difícil puede dar a tu mente tiempo para procesar el problema inconscientemente, lo que te llevará a un gran avance cuando vuelvas a ella.

Sin embargo, la procrastinación estratégica debe distinguirse de la procrastinación crónica, que suele estar motivada por la evasión y puede tener consecuencias negativas como el estrés, el incumplimiento de plazos y la reducción de la productividad. La clave está en ser intencionado sobre cuándo y por qué eliges retrasar las tareas, asegurándote de que sirvan a un propósito constructivo en lugar de no actuar como una forma de evasión.

4. ¿Cuáles son las mejores estrategias para que los estudiantes superen la procrastinación?

Los estudiantes suelen enfrentarse a retos únicos que contribuyen a la procrastinación, como hacer malabarismos con múltiples tareas, lidiar con la presión académica y gestionar las distracciones sociales. Aquí tienes algunas estrategias eficaces adaptadas a los estudiantes:

- **Desglosa las tareas:** Los grandes proyectos pueden resultar abrumadores y llevar a la procrastinación. Divídelos en tareas más pequeñas y manejables, con plazos concretos. Esto hace que el trabajo parezca menos desalentador y ayuda a mantener el impulso.

- **Crea un horario de estudio:** Las rutinas de estudio coherentes pueden reducir la procrastinación al proporcionar estructura. Asigna momentos específicos cada día para estudiar, y cumple con este horario en la medida de lo posible.

- **Prioriza las tareas:** Utiliza herramientas como la Matriz de Eisenhower para priorizar las tareas en función de su urgencia e importancia. Céntrate primero en las tareas de alta prioridad para asegurarte de que sean completadas a tiempo.

- **Limita las distracciones:** Crea un entorno de estudio que minimice las distracciones. Esto podría implicar apagar el teléfono, utilizar bloqueadores de sitios web o estudiar en un lugar tranquilo.

- **Recompénsate:** Establece un sistema de recompensas en el que te des un capricho después de completar tareas o estudiar durante un tiempo determinado. Puede ser algo tan sencillo como un descanso, un bocadillo o tiempo dedicado a una actividad placentera.

5. ¿Cómo puedo ayudar a alguien que me importa y en su lucha contra la procrastinación?

Ayudar a alguien que te importa y que lucha contra la procrastinación requiere paciencia, empatía y comprensión. Aquí tienes algunos pasos que podrías seguir:

- **Fomenta el diálogo abierto:** Empieza por mantener una conversación compasiva sobre su procrastinación. Evita juzgar o criticar y, en su lugar, escucha sus preocupaciones y sentimientos.

- **Ofrece apoyo, no soluciones:** Intentar "solucionar" el problema por ellos puede ser tentador, pero es más útil ofrecerles apoyo. Pregúntales cómo puedes ayudarles a superar su procrastinación, ya sea animándoles, ayudándoles a establecer metas o siendo su compañero de responsabilidades.

- **Ayúdales a fijar objetivos realistas:** Ayúdales a dividir las grandes tareas en pasos más pequeños y manejables. Establecer objetivos alcanzables puede reducir el agobio que a menudo conduce a la procrastinación.

- **Sé paciente:** El cambio lleva tiempo y puede haber contratiempos en el camino. Sigue ofreciéndoles apoyo y ánimo, aunque el progreso sea lento.

- **Sugiere ayuda profesional:** Si la procrastinación está afectando significativamente a su vida, considera la posibilidad de sugerirles que busquen ayuda de un coach, terapeuta o asesor especializado en problemas de procrastinación y productividad.

6. ¿Cómo puedo hacer frente a la procrastinación relacionada con el perfeccionismo?

El perfeccionismo es una causa común de procrastinación, ya que el miedo a no cumplir unos estándares elevados puede impedirte iniciar o terminar tareas. Para superar la procrastinación motivada por el perfeccionismo, considera las siguientes estrategias:

- **Establece unos estándares más bajos al principio:** Comienza con la mentalidad de que tu primer intento no tiene por qué ser perfecto, sólo tiene que ser un punto de partida. Siempre puedes revisar y mejorar tu trabajo más adelante.

- **Céntrate en el progreso, no en la perfección:** Cambia tu enfoque de conseguir resultados perfectos a progresar constantemente. Celebra las pequeñas victorias a lo largo del camino, aunque el resultado no sea perfecto.

- **Utiliza límites de tiempo:** Establece una cantidad específica de tiempo para trabajar en una tarea, y comprométete a parar cuando se acabe el tiempo. Esto puede ayudarte a no pulir en exceso y a no caer en la trampa del perfeccionismo.

- **Practica la autocompasión:** Recuérdate a ti mismo que todo el mundo comete errores y que la imperfección es una parte natural del proceso. Trátate a ti mismo con la misma amabilidad que ofrecerías a un amigo que está luchando con problemas similares.

- **Busca retroalimentación temprana:** En lugar de esperar a que algo esté "perfecto", busca retroalimentación al principio del proceso. Esto puede ayudarte a introducir mejoras y a aumentar la confianza en tu trabajo.

7. ¿La procrastinación puede ser un síntoma de un problema más profundo?

Sí, la procrastinación puede ser a menudo un síntoma de problemas psicológicos más profundos, como ansiedad, depresión, TDAH o baja autoestima. En estos casos, la procrastinación no es sólo un mal hábito, sino un mecanismo de afrontamiento para evitar el malestar, el miedo o el dolor emocional. Por ejemplo:

- **La ansiedad:** La procrastinación puede ser una forma de evitar tareas que te causen estrés o miedo, sobre todo si estás ansioso por el resultado o por tu capacidad para rendir bien.

- **Depresión:** Al lidiar con la depresión, incluso las tareas más sencillas pueden resultar abrumadoras, lo que lleva a la procrastinación como forma de conservar la energía o evitar una mayor tensión emocional.

- **TDAH:** Las personas con TDAH pueden tener dificultades para gestionar su tiempo, concentrarse e iniciar tareas, todo lo cual puede contribuir a la procrastinación.

- **Baja autoestima:** Si dudas de tus capacidades o temes que te juzguen, podrías procrastinar para evitar el riesgo de fracasar o ser criticado.

Si sospechas que tu procrastinación está relacionada con un problema más profundo, es importante abordar el problema subyacente. Buscar ayuda de un terapeuta o consejero puede proporcionarte herramientas para gestionar estos desafíos y reducir la procrastinación.

8. ¿Cómo puedo dejar de postergar las tareas que me parecen aburridas o poco interesantes?

Las tareas aburridas o poco interesantes son desencadenantes habituales de la procrastinación porque carecen de recompensas inmediatas o de motivación intrínseca. Aquí tienes algunas estrategias para abordar estas tareas:

- **Combina la tarea con algo agradable:** Combina la tarea aburrida con algo que te guste, como escuchar música o un podcast mientras trabajas. Esto puede hacer que la tarea sea más tolerable.

- **Establece un temporizador:** Utiliza la Técnica Pomodoro para trabajar en la tarea durante un periodo determinado (por ejemplo, 25 minutos), seguido de un breve descanso. Saber que sólo tienes que concentrarte durante un tiempo limitado puede hacer que la tarea te parezca menos desalentadora.

- **Divide la tarea en pequeños pasos:** Divide la tarea en partes más pequeñas y manejables. Completar cada pequeño paso proporciona una sensación de logro, lo que facilita la continuación.

- **Utiliza la motivación externa:** Establece un sistema de recompensas por completar la tarea. La recompensa puede ser cualquier cosa que te motive, como una golosina, un breve descanso o tiempo dedicado a una actividad más agradable.

- **Visualiza el resultado:** Concéntrate en los beneficios de completar la tarea, ya sea el alivio de tenerla hecha, la satisfacción de cumplir un plazo o el impacto positivo que tendrá en tus objetivos generales.

9. ¿Qué debo hacer si postergo con frecuencia el inicio de nuevos proyectos?

Postergar el inicio de nuevos proyectos puede deberse a varios factores, como el miedo al fracaso, el perfeccionismo o sentirse abrumado. Aquí te proporcionamos algunas herramientas para superar este desafío:

- **Comienza con un plan:** Divide el proyecto en tareas más pequeñas y crea un plan detallado con plazos concretos. Una hoja de ruta clara puede reducir el agobio y proporcionar una sensación de dirección.

- **Establece un "Ritual de inicio":** Desarrolla una rutina que señale el comienzo del trabajo en un nuevo proyecto. Puede ser algo tan sencillo como preparar tu espacio de trabajo, revisar tus objetivos o dedicar unos minutos a meditar o respirar profundamente para calmar los nervios.

- **Comprométete a dar un pequeño primer paso:** A veces, lo más difícil es empezar. Comprométete a dar un primer paso pequeño y manejable, como una lluvia de ideas, una llamada de teléfono o escribir la primera frase. A menudo, dar ese primer paso puede crear impulso.

- **Afronta el miedo y las dudas sobre ti mismo:** Si el miedo o las dudas sobre ti mismo te frenan, desafía estos pensamientos con afirmaciones positivas o técnicas de TCC. Recuérdate a ti mismo que empezar de manera imperfecta es mejor que no empezar.

- **Busca retroalimentación temprana:** En lugar de esperar hasta que hayas hecho progresos significativos, solicita retroalimentación al principio del proceso. Esto puede ayudarte a perfeccionar tu enfoque y a ganar confianza en tu dirección.

10. ¿Cómo sé si necesito ayuda profesional para superar la procrastinación?

Si la procrastinación está afectando gravemente a tu vida, por ejemplo causándote estrés crónico, afectando a tus relaciones u obstaculizando tu carrera o tu progreso académico, es posible que haya llegado el momento de buscar ayuda profesional. Aquí tienes algunas señales que indican que podrías beneficiarte de una ayuda profesional:

- **Luchas constantes:** Has probado varias estrategias para superar la procrastinación, pero ninguna ha tenido un impacto duradero.

- **Angustia emocional:** Tu procrastinación te está causando ansiedad, depresión u otros problemas emocionales importantes.

- **Impacto en la vida diaria:** La procrastinación afecta a tu capacidad para desenvolverte en la vida diaria, lo que te lleva a incumplir plazos, rendir poco o tener relaciones tensas.

- **Afecciones subyacentes:** Si sospechas que la procrastinación está relacionada con problemas más profundos como la ansiedad, la depresión o el TDAH, la ayuda profesional puede proporcionarte las herramientas necesarias para gestionar estas afecciones.

- **Deseo de cambio:** Estás motivado para cambiar, pero te sientes estancado e incapaz de progresar de forma independiente.

Si te sientes identificado con alguna de estas situaciones, considera la posibilidad de ponerte en contacto con un terapeuta, consejero o coach especializado en procrastinación y productividad. Pueden ayudarte a desarrollar un enfoque personalizado para superar la procrastinación y abordar cualquier problema subyacente.

Enlaces de recursos

Utiliza los enlaces o los códigos QR para obtener recursos GRATUITOS.

https://bit.ly/WeeklyplannerRSP

https://bit.ly/DailyplannerRSP

https://bit.ly/SWOTanalysisRSP

https://bit.ly/theeisenhowermatrix

Made in the USA
Las Vegas, NV
23 February 2025